10대와 통하는

건축과
인권
이야기

10대와 통하는 건축과 인권 이야기

제1판 제1쇄 발행일 2022년 11월 13일
제1판 제3쇄 발행일 2023년 11월 13일

글 _ 서윤영
기획 _ 책도둑(박정훈, 박정식, 김민호)
디자인 _ 채홍디자인
펴낸이 _ 김은지
펴낸곳 _ 철수와영희
등록번호 _ 제319-2005-42호
주소 _ 서울시 마포구 월드컵로 65, 302호(망원동, 양경회관)
전화 _ 02) 332-0815
팩스 _ 02) 6003-1958
전자우편 _ chulsu815@hanmail.net

ISBN 979-11-88215-79-9 43330

철수와영희 출판사는 '어린이' 철수와 영희, '어른' 철수와 영희에게
도움 되는 책을 펴내기 위해 노력합니다.

10대와 통하는

건축과
인권
이야기

글 서윤영

철수와영희

머리말

건축은 인권의 바로미터입니다

지하철과 같은 공공장소에는 장애인 화장실을 비롯하여 장애인 리프트, 경사로, 엘리베이터 등이 있고 바닥에는 노란색 점자블록이 깔려 있는 것을 볼 수 있습니다. 장애인의 이동권을 보장해 주기 위한 시설입니다. 장애인도 비장애인과 마찬가지로 자유롭고 편리하게 대중교통을 이용할 수 있어야 한다는 취지에서 만든 시설입니다. 그런데 때로 뜻하게 않은 문제가 발생하기도 합니다.

예전에 지어진 오래된 지하철 역사에는 계단에 장애인 리프트가 설치된 경우가 많습니다. 휠체어를 탄 사람은 계단을 이용할 수 없기 때문에 타고 올라갈 수 있도록 만든 장치입니다. 그런데 이 리프트는 혼자 이용하기가 어려워 누군가 도와주어야 합니다. 대개 리프트 옆에 설치된 버튼을 누르면 역무원이 나와 휠체어를 탄 장애인을 리프트에 올려 줍니다. 그런데 그 과정이 번거롭고, 무엇보다 리프트가 계단을 올라가는 동안 다른 보행자들이 걸음을 멈춘 채 비켜 주어야 하는 경우가 있습니다.

버튼만 누르면 곧바로 역무원이 나와서 리프트 이동을 도와주므로 장애인을 위한 배려 같지만, 막상 당사자 입장에서는 달갑지만은 않습니다. 보행자들이 한쪽으로 비켜선 채 리프트를 이용하는 장애인을 바라보고 있으니 무슨 구경거리라도 된 듯해 민망하기 때문입니다. 여기서 중요한 것은 장애인을 배려하면서도 그 도움을 받는 것이 겉으로 드러나지 않도록 해야 한다는 사실입니다. 그래야 장애인은 물론 비장애인도 신체적으로나 심리적으로나 두루 편안하게 이용할 수 있으니까요.

우리 사회에는 장애인과 같은 신체적 약자 외에 빈곤층, 이주 노동자 같은 사회적 약자가 있습니다. 이들을 위해 국가에서는 복지 정책을 실시하고 있는데, 복지 혜택을 받을 때 그것이 겉으로 드러나지 않아야 합니다. 그 과정에서 인권이 침해되는 요소는 없는지 살펴보아야 합니다.

국가의 권력, 다시 말해 '공권력'은 건축물이라는 매개체를 통해 개인을 통제하곤 합니다. 관공서, 경찰서, 법원, 교도소처럼 명시적으로 국가 권력을 행사하는 곳 외에도 암묵적으로 공권력을 행사하는 곳도 많습니다. 명시적이든 암묵적이든 모든 공권력은 건축을 통해 개인을 통제하기 때문에 건축과 인권은 밀접한 관계가 있습니다.

건축은 사람의 신체를 다루고 있는데, 이때 신체는 국가의 것인가, 나의 것인가 하는 문제가 생깁니다. 남에게 피해를 주지 않는 한 내가 나의 자유 의지로 살아가듯, 나의 신체는 온전히 나의 것이라 생각하겠지만 실은 그렇지 않을 때가 있습니다. 국가가 공익, 도덕 혹은 인륜이라는 추상적인 잣대를 들이대며 나의 몸을 구속할 때가 있습니다. 이를테면 낙태 금지, 출산 장려, 자살 방지, 안락사 금지 등이 그러한데, 인류애 혹은 생명 존엄이라는 이유로 인권을 침해할 때가 있습니다. 그중에서도 국가 권력 행사의 한 가지 도구라 할 수 있는 건축물을 통해 이 문제를 생각해 봅시다.

인권과 관련된 건축 개념으로 프라이버시권, 거주권, 생활권, 도시권 등을 생각해 볼 수 있습니다. 사람에게 누구나 인권이 있듯 공간과 주거 환경에서는 이러한 권리가 있습니다. 내가 타인의 인권을 침해할 수 없듯, 타인의 거주권을 침해해서도 안 됩니다. 단지 나와 다르다는 이유로, 혹은 내가 이해할 수 없다는 이유로 차별과 혐오를 드러내어서는 안 되듯, 다른 사람의 생활권도 인정해 주어야 합니다.

우선 개인의 프라이버시 문제입니다. 프라이버시를 흔히 '사생활'이라 번역하지만 보다 구체적으로는 '혼자 있을 권리', '비밀을 보장받을 권리' 등을 뜻하며 이를 위해서는 최소한의 개인 공간을 가질 수 있어야 합니다. 만약에 화장실에서 용변을 보는 모습이 만천하에 공개된다면 얼마나 부끄러울까요? 혼자 있을 권리, 비밀을 보장 받을 권리가 충족되려면 최소한의 물리적 공간이 필요합니다.

두 번째로는 거주권 내지는 생활권입니다. 사람이라면 누구나 하루 세끼를 먹어야 하고 또한 몸을 가릴 옷을 입어야 하듯, 잠을 잘 수 있는 방과 생리 현상을 해결할 화장실이 필요합니다. 집이 없어 거리에 나앉은 사람에게는 최소한의 거주권을 보장해 주어야 합니다.

세 번째로는 도시권이라 할 수 있습니다. 사람이 혼자 살지 않고 사회를 이루듯 집도 푸른 초원 위에 홀로 서 있는 것이 아니라 마을과 도시를 이룹니다. 이때 우리가 살고 있는 도시와 환경을 개선하고 이에 대한 의견을 제시할 수 있는 권리를 '도시권'이라 합니다. 조금 생소할 수 있지만 도시권은 참정권과 비슷한 개념으로 볼 수 있습니다.

선진 국가가 되어 갈수록 도심 기반 시설이 강화되고, 기술의 발달에 따라 건축물도 점점 대형화되어 가고 있습니다. 이 책은 프라이버시권, 거주권, 생활권, 도시권과 관계된 구체적 이야기를 통해 편리하고 쾌적한 환경 속에서 자칫 인권 문제가 간과되고 있지는 않은지 살펴보는 것을 주요 목적으로 하고 있습니다. 장차 건축가가 되려는 청소년은 물론 나를 둘러싼 건축과 사회 환경에 관심을 가진 청소년에게 하나의 길잡이가 되고자 합니다.

서윤영

차례

01

건축과 권력;
파놉티콘 시스템의
등장

조선의 정궁(正宮)이었던 경복궁 근정전 앞 넓은 마당에는 품계석이 늘어서 있습니다. 근정전은 임금이 문무백관에게 조회를 받던 곳입니다. 품계석은 정1품부터 종9품까지 신하들이 품계별로 서 있어야 할 자리를 표시해 놓은 돌인데, 신하들이 늘어선 방식이 우리가 생각하는 것과 조금 달랐습니다. 신하들은 임금이 계신 근정전을 향해 서 있는 것이 아니라, 서로 직각으로 방향을 틀어 서 있었습니다. 다시 말해 양쪽으로 늘어선 신하들이 서로 마주 보는 형식이었습니다.

우리는 학교에서 이런 식으로 앉아 있지 않습니다. 교실에서 수업을 할 때나 강당에서 행사를 할 때, 선생님과 학생은 서로 마주 봅니다. 그러나 근정전 앞의 임금과 신하는 그렇지 않았습니다. 임금이 아니라 신하들끼리 마주 보고 서 있는 모습, 조선 시대에는 왜 이렇게 서 있었을까요?

시각의 비대칭성
-"나는 너를 보지만 너는 나를 볼 수 없다"

교실에서 학생들이 정면을 향해 앉는 것은 선생님을 잘 보기 위해서입니다. 또한 교단에 선 선생님도 학생들을 한눈에 바라볼 수 있습니다. 이때 선생님과 학생의 시선은 서로 대칭적이고 평등합니다. 그런데 교실을 반으로 나누어서 좌우로 마주 보게 한다면 어떻게 될까요? 더구나 선생님을 바라보지 못하고 고개를 숙인 채 책상 앞에 펼쳐진 책만 보아야 한다면 어떨까요?

교단 위의 선생님은 한눈에 학생들을 내려다볼 수 있지만 학생들은 선생님을 볼 수가 없고 그저 목소리만 들을 뿐입니다. 고개를 들어도 앞에 앉은 친구의 뒤통수만 보일 뿐 선생님을 볼 수 없습니다. 선생님을 보려면 고개를 돌려야 하는데, 이러한 행동은 교단에 선 선생님의 눈에 금방 띄게 됩니다. 이때 학생과 선생님의 시선은 비대칭적이며 불평등하다고 할 수 있습니다. 조선의 근정전 앞 품계석도 그렇게 배치했습니다. 권력의 최고 정점에 있는 왕은 신하를 한눈에 내려다보며 작은 행동까지도 파악이 가능하지만, 신하는 왕을 전혀 볼 수 없는 구조, 지금 근정전

안에 왕이 있는지 없는지조차도 정확히 파악이 안 되는 구조, 바로 이 불평등한 상황을 물리적으로 재현해 낸 것입니다.

사람은 본능적으로 누군가를 바라봅니다. 내가 타인을 바라보면 그도 곧 나를 봅니다. 누가 나를 보고 있다는 사실을 인지하기 때문인데, 이러한 상황에서 '바라봄'은 대칭적이며 평등합니다. 그런데 이런 균형이 깨지는 경우가 있습니다. 내 모습을 숨긴 채 다른 사람을 몰래 엿볼 때입니다. 나는 그를 보지만 그는 나를 볼 수 없으며, 내가 그를 보고 있다는 사실조차 모릅니다. 우리는 이렇게 '숨어서 엿보는' 행위를 비도덕적으로 생각합니다. 그런데 건축에서 의도적으로 이런 구조를 만들기도 합니다. 바로 철학자 제러미 벤담이 고안한 '파놉티콘'입니다.

벤담은 "최대 다수의 최대 행복"을 도덕과 입법의 원리로 제시한 공리주의자로 유명합니다. 그는 소수의 인원으로 다수를 관리하고 감독하기 위한 장치로서 파놉티콘을 고안했고, 이 원리가 적용된 원형 감옥을 제시했습니다. 죄수를 가두는 감옥은 중세 시대에도 있었는데, 그때는 도망가지 못하도록 죄수를 창이 없는 지하실에 가두어 놓았습니다.

벤담이 제시한 원형 감옥은 도넛처럼 둥글게 건물을 지어서 여러 개의 독방을 만든 다음 각 방에 죄수를 한 명씩 수용하고, 한가운데는 간수를 위한 방을 만듭니다. 죄수들의 방은 외부로 창이 나 있어 빛이 환하게 방 안을 밝히기 때문에, 간수는 자기 자리에서 죄수들의 모습을 한눈에 파악할 수 있습니다. 그렇게 간수의 방을 중심으로 주위를 빙 둘러 20개 정도 방을 만들면 한 명의 간수가 20명의 죄수를 감시할 수 있습니다. 이것을 5층으로 높이고 가운데 감시탑을 설치하면 한 명의 간수가 100명을 감시할 수 있습니다. 최소의 인원으로 최대의 인원을 효과적으로 감시하고 감독할 수 있는 시스템, 벤담은 이를 '파놉티콘(panopticon)'이라 이름 붙였습니다. 라틴어로 '판(pan)'은 전체를 뜻하고 '옵티콘(opticon)'은 시각을 뜻합니다. 한 번의 눈길로 전체를 다 볼 수 있다는 뜻이며, '일망감시법(一望監視法)'이라고 합니다.

중세의 지하 감옥과 달리 파놉티콘에서는 죄수들의 일거수일투족을 감시할 수 있습니다. 그러나 죄수들은 감시탑 안의 간수가 어디를 보고 있는지, 지금 있는지 없는지조차 파악이 되지 않는 구조입니다.

이 상황에서 죄수는 어떻게 행동하게 될까요? 간수를 관찰할 수 있다면 간수가 눈을 돌렸을 때 몰래 탈출 통로를 만들 수 있습니다. 하지만 간수의 시선을 전혀 파악할 수 없다면, 항상 간수가 자신을 보고 있을 것으로 생각하면 행동을 조심할 수밖에 없습니다. 이렇듯 파놉티콘 구조는 감시 대상이 스스로 알아서

파놉티콘을 토대로 만든 쿠바의 프레시디오 모델로 감옥의 모습. 1967년 폐쇄된 후 박물관으로 모습이 바뀌었다.

조심하도록 만듭니다. 외부의 힘에 의한 타율보다 스스로 하는 감시가 더욱 강합니다. 그러려면 '시각적 비대칭성'이 전제되어야 합니다.

종합병원이 된 빈민 수용소

  벤담이 파놉티콘을 제안하기 직전인 17세기, 유럽에서는 중세가 끝나고 근세가 시작되고 있었습니다. 중세의 특징적 경제 체제이던 봉건 제도가 소멸하면서 농노들은 농촌을 떠나 도시로 몰려들었습니다. 가난하고 별다른 기술도 없었던 이들은 유랑을 하며 걸식했고 배가 고파 빵을 훔치기도 했습니다. 노숙자와 부랑아가 증가하자 이들을 수용하고 관리할 필요가 생기면서 구빈원, 노숙자 보호소, 행려병자 수용소, 광인 수용소와 같은 시설과 건물이 필요해졌습니다. 물론 중세에도 빈민과 노숙자는 있었는데, 이들은 주로 그 지역의 성당에서 구휼을 담당했습니다. 중앙 권력이 말단까지 미치지 못했던 중세 시대에 성당은 종교 시설을 넘어 행정적 중심지 역할도 했습니다. 하지만 국가의 힘이 세지면서 성당의 역할이 축소되고 국가가 신민(臣民)을 직접 관리하는 방식으로 전환됩니다. 그러면서 새로운 시설이 필요해진 것입니다.

  당시는 급격한 사회 변동으로 농촌을 떠나 도시로 몰려드는 인구가 급증했습니다. 프랑스에서는 루이 14세가 경제적으로는 농업 대신 상업을 중시하는 중상주의를, 정치적으로는 절대 왕정을 펼치고 있었습니다. 전국적으로 증가한 노숙자, 걸인, 행려병자를 수용하기 위해 1656년 칙령을 통해 '로피탈 제네랄(L'hôpital général)'을 설립합니다. 각 주요 도시마다 하나씩 설립하여 전국적으로 30여 개소에 이르렀고, 수용된 사람은 프랑스 전체 인구의 1퍼센트에 해당하는 매우 높은 수치였습니다. 그래서 프랑스의 철학자 미셸 푸코는 이 시기를 '대감금의 시대'라고 명명했습니다.

로피탈(L'hôpital)은 본래 성당에서 운영하던 시설로서 고아, 유랑아, 빈민, 병자에게 숙소와 식사를 제공하던 곳이었습니다. 하지만 절대 왕정 시기에 국가의 힘이 강력해지면서 중세의 성당이 하던 일을 국가가 대신하면서 명칭도 '로피탈 제네랄'로 불리게 되었습니다. 이후 기능이 조금씩 분화되어 고아와 빈민을 수용하는 별도의 시설이 생기면서 로피탈 제네랄은 병자들이 주로 남게 되었습니다. 그 결과 오늘날 '로피탈 제네랄(영어로 제너럴 호스피탈)'은 종합 병원을 의미하게 되었습니다.

16~17세기는 동방 무역이 늘면서 유럽에 낯선 질병도 유행하던 시기였습니다. 이런 질병들은 감염병이 많았기 때문에 병자들을 별도의 시설에 수용해야 할 필요성이 생겼습니다. 수용해야 할 대상 중에 행려병자가 별도의 항목으로 분류된 것도 이 때문입니다. 요약하자면 중세의 병원은 의학이 발달하지 못하여 질병의 치료보다는 행려병자에게 잠자리와 먹을 것을 제공하는

것이 주목적인 경우가 많았습니다. 그러다가 19세기 중반 나이팅게일 병동이 등장하게 됩니다.

'백의의 천사'로 알려진 영국의 간호사 나이팅게일은 사실 병원 및 의료 제도의 개혁자입니다. 1853년 크림 전쟁이 일어나자 34명의 간호사와 함께 전장으로 가서 야전 병원장으로 일했는데, 그러면서 보다 체계적인 의료 시스템이 필요하다는 것을 깨닫게 됩니다. 당시 수많은 외상환자가 발생하는데 의료진의 숫자는 한정되어 있어 치료해야 할 환자의 수는 너무 많았습니다. 이때 적은 수의 의료 인력으로 많은 환자를 빠르게 관리하기 위해 고안해 낸 것이 바로 '나이팅게일 병동'입니다.

기다란 직사각형 형태로 만든 병실에 환자의 침상이 창가 쪽에 접해서 두 줄로 나란히 배치됩니다. 한가운데 너스 스테이션(nurse station)이라고 하는 큰 데스크를 두어 간호사가 머무르게 합니다. 이렇게 되면 2~3명의 간호 인력으로 50~100명 가까이 되는 환자를 한눈에 관리할 수 있습니다. 이것이 나이팅게일 병동의 원리인데 소수의 인원이 다수를 관리할 수 있다는 점에서 벤담의 파놉티콘과 공통점이 있습니다. 파놉티콘이 원형을 하고 있다면 나이팅게일 병동은 긴 직사각형 형태예요. 원형 건물보다는 직사각형 건물을 짓기가 훨씬 쉬워서 많이 쓰입니다.

또한 19세기에는 '교도소'라는 시설이 새롭게 등장했습니다.

중세 시대에는 죄인을 다루던 방식으로 잔인한 체벌이 많았지만, 이러한 형벌은 점차 사라지고 대신 시설에 일정 기간 수용시키는 것으로 바뀌게 됩니다. 여기에는 계몽사상의 전파에 따라 인간에 대한 시각이 바뀐 것도 한몫합니다. 기독교 사상이 지배했던 중세에는 인간이 죄를 짓는 이유가 악마의 유혹에 넘어갔기 때문이라고 생각했습니다. 죄를 씻어내기 위해 벌을 받고 회개하여야 했고 처벌은 되도록 혹독해야 했습니다.

처벌은 광장에서 집행되었는데, 잔인한 처벌 장면을 일반에게 공개하면서 앞으로 있을 더 많은 범죄를 예방하는 효과도 있었습니다. 하지만 계몽주의가 전파되면서 죄를 짓는 이유는 올바른 교육과 훈육이 되지 않았기 때문이라고 보게 되었습니다. 범죄자에게 벌을 준다기보다는 계도를 통해 근면하고 정직한 생활 습관을 갖게 해야 한다는 생각으로 바뀌었습니다. 이를 위한 시설로서 교도소가 등장하게 됩니다. 요약하자면 중세를 지나 근세로 접어들면서 국가 권력이 강해집니다. 그에 따라 중세의 성당에서 담당하던 빈민 구제와 병자 간호를 국가에서 담당하면서 병원, 빈민과 행려병자 수용소, 교도소 등의 새로운 시설이 필요해집니다. 이와 함께 소수의 인원이 다수의 사람을 효율적으로 관리할 새로운 감시 체계가 필요해졌는데, 그것이 바로 파놉티콘입니다.

파놉티콘이 가장 직설적으로 구현된 곳이 미국 일리노이주의 스테이트빌(Stateville) 교도소의 F동입니다. 4층 높이의 둥근 건물로 가운데 놓인 감시탑에서 간수가 죄수를 감시했습니다. 지금은 더 이상 운영되고 있지 않지만 독특한 형태로 인해 영화에서 자주 등장하는 교도소의 유형입니다.

서대문형무소의 파놉티콘 시스템

우리나라에도 파놉티콘이 적용된 건물이 있는데, 일제 강점기에 한국인의 독립운동을 탄압하기 위해 지어진 서대문형무소입니다. 서대문형무소 건물 중 옥사를 감시하고 통제하는 건물인 중앙사에 옥사 세 군데가 부채꼴 모양으로 연결되어 있습니다. 이런 파놉티콘이 적용된 배치를 통해 간수는 부채꼴 모양의 한가운데 교차 지점에서 세 군데 옥사의 감방과 수감자들을 한꺼번에 감시할 수 있었습니다.

운동 시설인 격벽장도 파놉티콘이 적용되었습니다. 일제는 수감자들을 넓은 운동장에 한꺼번에 풀어 놓으면 문제가 생길 수 있다고 생각했습니다. 그래서 수감자들 간 대화나 소통도 금지했습니다.

벤담은 하나의 방에 한 명의 죄수를 가두는 것으로, 죄수 간의

서대문형무소 격벽장의 모습. 이곳에서 죄수는 갇힌 채로 앞뒤로만 왔다 갔다 할 수 있다.

의사소통을 원칙적으로 차단하려 했습니다. 이 원리에 따라 일제는 운동 공간을 독특한 부채꼴 모양으로 설계했습니다. 반원형으로 콘크리트 벽을 두르고 피자나 케이크를 자르듯이 높은 벽을 그 안에 쌓았습니다. 이를 격리시킨다는 의미로 '격벽'이라 부릅니다. 일제는 감시하기 쉬운 이 격벽장에 수감자를 수용해 운동을 시켰는데, 수감자는 골목길처럼 좁다란 틈 안에서 앞뒤로 왔다 갔다 할 수밖에 없었습니다.

서대문형무소는 일제 강점기에 지어져 유관순 열사를 비롯한 수많은 독립운동가들이 투옥되었습니다. 해방 후에도 한동안 서울구치소로 사용되다가 1987년 서울구치소가 경기도 의왕시로 이전한 뒤 1998년 서대문형무소역사관으로 거듭나 일반에게 개방되고 있습니다.

파리, 거대한 감시 도시

한편 파놉티콘의 원리가 도시적 스케일로 확장된 것이 있는데, 바로 파리의 에투알(Étoile) 광장입니다. 세계에서 가장 유명한 관광지 중 하나인 파리는 19세기에 지금의 모습으로 재탄생한 곳입니다. 프랑스는 1789년 대혁명 후 1848년 2월에 또 한 번의 혁명을 겪게 됩니다. 그해 12월 나폴레옹 3세가 대통령에 당선되었는데, 1851년 쿠데타를 일으켜 스스로 황제가 되었습니다. 이렇게 되자 1850년대 초 파리는 시위가 끊일 새가 없었습니다. 시민들은 주로 좁고 구불구불한 골목길을 바리케이드로 막고서 시위를 벌였습니다.

프랑스는 대략 1830년대부터 산업 혁명을 겪으면서 파리의 인구가 크게 늘었습니다. 1801년 55만 명이던 파리의 인구는 1851년에 100만 명이 되었고, 이들은 좁은 골목길에 있는 4~5층짜리 공동 주택에 거주했습니다. 당시 공동 주택은 환경이 매우 열악해 콜레라나 결핵 같은 전염병이 창궐했습니다. 그리고 시위대들이 좁은 길을 점령하고서 시위를 벌이다가 경찰이 들이닥치면 미로 같은 골목길로 뿔뿔이 흩어져 버리니 진압이 어려웠습니다. 이에 나폴레옹 3세는 1853년 오스만 남작을 파리 지사로 임명한 뒤 그를 통해 대대적인 파리 재개발을 실시합니다. 구불구불한 골목길을 없애고 개선문을 중심으로 12개의 도로를 개통했습니다. 현재 파리의 모습을 항공 사진으로 보면 개선문 광장에서 12개의 도로가 방사선형으로 뻗어 나가는 것이 마치 거미줄을 쳐 놓은 것과도 같습니다. 그 모습이 별과 같다는 의미에서 이곳을 에투알 광장이라고도 합니다. 에투알은 프랑스어로 별이라는 뜻입니다.

일반적으로 도시 계획에 있어 도로 체계를 만드는 방법은 크게 두 가지가 있습니다. 하나는 격자형 도로 체계로서 바둑판처럼 가로-세로로 도로를 내는 방식입니다. 이런 도로에서는 보행자나 운전자가 길을 찾아가기는 쉽지만 하늘 위에서 내려다보지 않는 한, 도시 어느 곳에서 무슨 일이 벌어지고 있는지 쉽게 파악하기가 힘듭니다. 다른 하나는 방사선형 도로 체계입니다. 가운데 구심점을 두고 사방팔방으로 뻗어 나가는 도로와 그 도로들을 연결하는 동심원 도로를 만드는 것으로 거미줄과 비슷한 형

나폴레옹 3세가 파리를 재개발하면서 개선문을 중심으로 낸 방사선형 도로.

태입니다.

　이런 도로망은 보행자나 운전자가 길 찾기가 조금 어렵습니다. 대신 가운데 구심점이 매우 명확해서 지도자의 동상이나 개선문, 상징탑 같은 큰 조형물을 두면 도시 전체가 웅장해 보이고, 중심점에서 도시 전체가 한눈에 들어와요. 지금 어디에서 무슨 일이 벌어지고 있는지 쉽게 파악이 됩니다. 거미가 거미줄을 쳐 놓은 뒤 한가운데에서 기다리다가, 날아가던 파리가 거미줄에 걸리면 곧바로 달려가 잡을 수 있는 것과 같은 이치입니다. 방사선형 도로 체계는 독재 정권이나 지지 기반이 취약한 정권에서 좋아하는 스타일인데, 나폴레옹 3세 시절의 파리도 그러했습니다. 좁은 골목길에 바리케이드를 치고 시위를 벌이던 일명 '바리케이드전'은 도로가 넓어지면서 불가능해졌습니다. 마차에 대포를 실은 군대를 동원해 진압할 수 있었으니까요. 중심에서 모든 것을 감시하는 벤담의 파놉티콘이 도시적 스케일로 확대된 예라 하겠습니다.

이렇듯 오스만 남작은 거미줄 같은 12개의 도로를 개통하고 난 뒤 파리 전역에 상하수도망을 확충하고 녹지 공간을 제공했습니다. 지금도 파리의 허파 구실을 하고 있는 불로뉴 숲, 뱅센 숲은 본래 왕실 사냥터로 사용되던 숲이었습니다. 중세 시대 왕실 전용 사냥터여서 일반인은 사냥은커녕 함부로 나무도 벨 수 없었습니다. 땔감을 얻거나 집 지을 나무를 구하러 왕실의 숲으로 들어갔다가는 큰 벌을 받았어요. 중세 시대 전설에 등장하는 로빈 후드는 바로 이런 왕실 숲에서 사냥을 하며 가난한 사람들을 돕는 일종의 의적과 같은 존재였습니다.

따라서 나폴레옹 3세가 불로뉴 숲과 뱅센 숲을 시민에게 개방한 것은 하나의 정치적 제스처라고 할 수 있습니다. 정치적 혼란을 수습한 권력자들은 화려한 극장을 지어 문화 행사를 개최했는데, 그도 마찬가지였습니다. 1860년 전국에서 오페라 극장의 설계안을 공모했는데, 그중 샤를 가르니에의 작품이 선정되어 이를 바탕으로 오페라 극장을 1875년에 완공했습니다. 지금도 전 세계에서 가장 화려하고 아름다운 극장으로 손꼽히는 '파리 오페라 극장'입니다.

CCTV-합법과 불법의 경계

파놉티콘은 시각의 비대칭성과 이에 따른 억압 구조가 물리적으로 명확하게 구현된 예입니다. 이때 감시하는 사람은 권력을 가진 사람이고, 감시를 당하는 피감시자는 권력이 없는 사람인데, 이러한 관계를 과학 기술의 힘을 빌려 더욱 교묘하게 만드는 것이 시시티브이(CCTV)입니다.

1980년대 영국에서는 글래스고에 CCTV를 설치했습니다. 글래스고는 19세기 군수품과 선박 제조업이 발달했던 공업 도시인데 1970~80년대 들어 탈산업화하면서 점차 쇠락해졌습니다. 도심 공동화 현상이 일어나면서 노숙자나 불량 청소년이 증가하자 우범 지대를 감시하기 위해 '시티 워치'라 불리는 CCTV를 곳곳에 설치한 것입니다. 이후 경찰이 직접 순찰을 다니는 것보다 훨씬 적은 인력으로도 도시 곳곳을 효율적으로 관리할 수 있게 되면서 CCTV를 활용한 도시의 감시 체제는 세계적으로 퍼졌습니다.

이제 CCTV는 우리 주변 곳곳에 설치되어 도시에서 일어나는 모든 일을 센터에 앉은 누군가가 쉴 새 없이 감시하고 있습니다. 어두운 골목길이나 지하 주차장에 어김없이 설치되어 있는 CCTV, 이것이 문제가 되는 이유는 권력에 의한 시각의 비대칭성이 기계의 힘을 빌려 더욱 증폭되었기 때문입니다. 그 결과 몰래 지켜보는 사람을 의식하지 못한 채 프라이버시가 노출되는 일이 많아졌어요. 요즘에는 CCTV가 설치되어 있다는 안내문이 함께 붙어 있지만 예전에는 그런 안내문조차 없는 경우가 많았습니다.

요즘 화장실이나 탈의실에 조그만 카메라를 설치해 놓고 훔쳐보는 사람이 있습니다. '몰래카메라', 즉 '몰카'라고 하는 명백한 불법 행위로 경찰이 단속하고 있습니다. 그런데 무엇이 '몰카'이고 무엇이 CCTV인지, 다시 말해 무엇이 불법이고 무엇이 합법인지는 어떻게 정해질까요? 그 감시의 주체가 누구냐에 따라 달라집니다.

공공장소에 CCTV가 설치되어 있고 경찰이라는 공권력이 감시하고 있다면 그것은 합법입니다. 하지만 같은 장소에 누군가가 사적으로 CCTV를 설치하여 행인의 모습을 찍고 있다면 이는

어느 건물의 옥상 정원에 마련된 표지판. CCTV가 설치되어 있지만 사진 촬영은 금지한다는 내용이 담겨 있다.

'몰카'로 간주됩니다. 경찰은 곧바로 개인이 설치한 CCTV를 철거한 뒤 대체 누가 이런 '불법 몰카'를 설치했는지 수사할 것입니다. 똑같은 행위인데도 그 주체가 공권력이면 합법, 개인이면 불법이 됩니다.

공권력이 개인에게 '몰카'를 장려할 때도 있습니다. 쓰레기를 몰래 버리거나 주차 위반 등 소소한 생활 질서를 위반한 사례를 찍어 관공서에 신고하면 포상금을 줍니다. 바로 '신고 포상제'입니다. 이는 위반하는 사람이 자신의 모습이 촬영되고 있다는 사실을 모른다는 점에서 명백한 '몰래카메라'이지만 공권력에 의해 제도화되었다는 점에서 합법입니다.

　조선 시대 근정전과 그 앞에 늘어선 신하들 사이에서 드러나는 권력관계는 한마디로 "나는 너희를 볼 것이지만, 너희는 나를 함부로 쳐다보지 마라"로 요약할 수 있습니다. 그리고 이는 지금도 여전히 진행 중입니다. 관공서나 입국 심사장 등에 들어서면 "사진 촬영 금지"와 "CCTV 설치"라는 두 개의 표지판이 나란히 붙어 있는 것을 볼 수 있습니다. 따지고 보면 이상하고 불평등한 일입니다. 사람은 누구나 서로를 볼 수 있어야 합니다. 하지만 그 광경은 "나는 너를 CCTV로 촬영하겠지만 너는 함부로 그러면 안 된다"는 선언이나 다름없습니다.

　이런 이상한 표지판은 관공서뿐 아니라 대기업 로비, 은행, 백화점 같은 상업 시설에도 붙어 있습니다. CCTV로 우리를 지켜보면서 왜 개인의 사진 촬영은 막는 걸까요?

　카메라 촬영이 인간 시각의 연장이라고 한다면 그 말은 곧 "눈 깔아"와 다를 바 없습니다. 삼류 건달이나 조폭들이나 할 법한 말을 공권력이나 '금권력(대기업, 은행, 백화점 등의 금융 권력)'이 점잖게, 에둘러서 하고 있는 셈입니다.

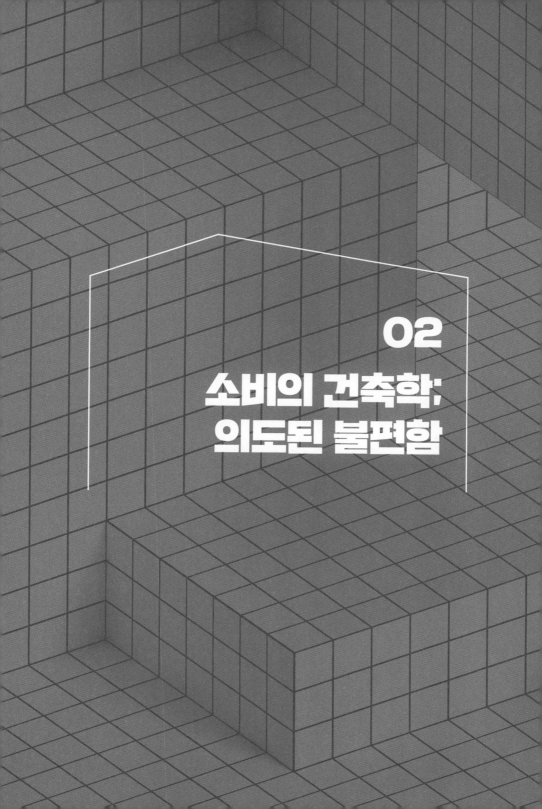

02

소비의 건축학:
의도된 불편함

길을 걷다가 배가 고파져 가까운 우동집에 들어갔는데 조금 당황했습니다. 매장 안에 테이블과 의자가 전혀 없었기 때문입니다. 좁다란 가게 안에는 벽면을 따라 기다란 바(bar)가 놓여 있었고 손님들은 키오스크로 주문을 한 뒤 준비된 음식을 직접 받아다가 바 위에 두고 선 채로 음식을 먹었습니다. 왜 이렇게 불편하게 실내를 꾸몄을까요?

그곳은 일본 도쿄에 있던 어느 프랜차이즈 우동집이었습니다. 보통 프랜차이즈 음식은 맛과 가격이 일정합니다. 문제는 그곳이 도쿄에서도 임대료가 가장 높은 긴자(Ginza)에 있던 가게였다는 점입니다. 비싼 임대료에 맞추면 가격이 높아져 라면 한 그릇도 1만 원이 넘습니다. 하지만 프랜차이즈는 그럴 수가 없어요. 5000~6000원 정도로 동일한 가격을 유지해야 하니까요. 그

일본 도쿄에 있던 우동집. 테이블을 두지 않아 손님들이 서서 우동을 먹고 있다.

래서 한 번에 많은 손님을 받고자 의자와 테이블을 치웁니다. 앉아 있을 자리가 없으니 그렇게 서서 우동을 먹을 수밖에 없었던 거예요. 한 그릇을 먹는데 채 10분도 걸리지 않으니 금세 자리가 빕니다. 같은 시간에 더 많은 손님을 받을 수 있으니 가게 주인으로서는 이익이지요. 특정 목적을 위해 의도적으로 자리를 불편하게 하는 것, 바로 '불편한 건축'의 예라 할 수 있습니다.

햄버거 가게 의자가 딱딱한 이유

아직 우리나라에는 서서 먹는 우동집은 없지만, 편의점에서 컵라면이나 김밥을 서서 먹는 경우는 많습니다. 의자가 마련된 테이블을 놓으면 자리가 편해서 테이블 점유 시간이 길어져요. 주인 입장에서는 그다지 반갑지 않습니다. 다른 손님이 기다려야 하거나 통행에 불편할 수 있기 때문입니다. 청소년들이 자주 이용하는 패스트푸드점도 비슷합니다. 주문한 즉시 음식이 나온다는 '패스트'푸드점은 또한 빨리 음식을 먹고 나가야 하는 곳이기도 합니다. 가격이 저렴한 만큼 '테이블 회전율'을 높여야 하기 때문에 은근히 자리를 불편하게 만듭니다.

일단 테이블의 크기는 작은 편이고 의자는 등받이나 팔걸이가 없는 스툴(stool)이 많고 쿠션이나 방석이 없어 딱딱합니다. 심지어 의자를 아예 바닥에 고정시켜 놓는 곳도 있어서 자기 몸과 자세를 맞출 수가 없습니다. 실내 장식은 유리(거울), 타일, 철제 등의 딱딱한 소재들을 이용하는데 이는 모두 소리를 반사해 내부를 시끄럽게 만듭니다. 주문한 음식이 나왔음을 알리는 벨 소리가 쉴 새 없이 울리고 사람들의 대화하는 소리 등으로 정신이 없어요. 불편하고 소란스러운 곳에서는 오래 앉아 있고 싶지 않으니, 사람들이 금세 자리를 옮겨요. 테이블 회전율이 빨라질 수밖

어느 식당에 마련된 작은 테이블과 의자. 음식값은 저렴한 편이었지만 테이블 회전율을 높이기 위해 자리를 몹시 불편하게 만들었다. 등받이와 팔걸이가 없는 의자는 바닥에 고정되어 있다

에 없습니다.

반면 이 모든 것을 반대로 적용하면 고급 레스토랑이 됩니다. 레스토랑의 비싼 음식값에는 한두 시간 정도의 자리를 차지하고 앉아 있을 수 있는 '자릿세'도 포함되어 있어요. 그곳을 찾는 사람들은 멋지게 꾸며진 식당에서 편안하게 식사하고 싶어 합니다. 그에 걸맞게 편안한 환경을 제공해야 해요. 우아한 식탁보가 깔린 널찍한 테이블과 두툼한 쿠션이 있는 의자를 준비하는데, 플라스틱이나 철제 가구를 쓰는 패스트푸드점과 달리 대부분 나

무로 만든 것들입니다. 나무, 천, 쿠션 등의 부드러운 소재는 소리를 흡수해 실내를 조용하게 만듭니다. 주문을 받는 직원은 결코 큰소리를 내지 않고 낮은 목소리로 이야기해요. 또한 그들은 기다란 앞치마를 하고 팔에 냅킨을 걸기도 하는데, 천 소재인 냅킨과 앞치마는 소리를 흡수합니다. 덕분에 손님들은 조용히 식사와 대화에 집중할 수 있어요. 이처럼 저렴한 가격에 손님을 많이 받는 패스트푸드점과 손님은 적지만 음식값을 비싸게 받는 고급 레스토랑에는 공통적으로 이윤을 많이 남기려는 목적이 있어요.

　카페와 피시방도 마찬가지입니다. 테이블이 서너 개밖에 없는 조그만 카페에서 손님이 2~3시간 동안 자리를 차지하고 앉아 있으면 주인 입장에서는 손해입니다. 그렇다고 함부로 손님을 내쫓을 수도 없으니 은근히 자리를 불편하게 만듭니다. 일반적인 식탁보다 훨씬 낮은 테이블과 의자를 두는데, 보기에는 예뻐도 차를 마시기에는 여간 불편한 게 아닙니다. 혹은 반대로 훨씬 높은 테이블과 의자를 두기도 합니다. 이를 '바 테이블(bar-table)', '바 체어(bar-chair)'라고 하는데 앉은 높이, 즉 좌고(坐高, seat height)가 높아지면 무게 중심도 높아져서 어딘지 불편해집니다. 더구나 바 체어는 등받이나 팔걸이가 없고 재질은 딱딱한 금속으로 되어 있는데 이것을 길가 창가 쪽에 배치하는 경우가 많습니다. 도시적이고 세련된 모습으로 보이지만, 그만큼 자세가 편안하지 않아요. 앉은 사람은 그야말로 좌불안석입니다.

점유 시간을 줄여야 돈을 버는 업종과 반대로, 피시방이나 노래방처럼 시간에 따라 돈을 받는 업종은 점유 시간이 되도록 길어야 합니다. 그래서 자리 배치와 가구가 달라요. 피시방 의자는 높은 등받이와 팔걸이가 있는 회전의자여서 오래 앉아 있어도 무척 편합니다. 그러고 보니 피시방 의자가 카페나 패스트푸드점에 놓인 예는 본 적이 없습니다.

이러한 상업적 목적 외에 도시적 스케일에서 '불편한 건축'을 만들기도 합니다. 학교 앞에는 방지턱을 만드는데, 운전자 입장에서는 불편하지만 차량 속도를 줄여 보행자를 보호하는 효과가 있습니다. 이는 좋은 의미의 불편한 건축이지만 때로 정말로 불편한 건축도 있습니다. 타자를 배제하기 위해 의도적으로 불편하게 만들어진 건축입니다.

노숙자의 거주권과 '불편한 건축'

공원이나 버스 정류장에는 기다란 벤치가 있는데, 한가운데 무언가 튀어 나와 있어요. 팔걸이도 아니고 등받이도 아닙니다. 용도가 애매한 이것의 정확한 목적은 '드러눕기 방지'입니다. 사

기차역 대합실 안에 마련된 벤치. 가운데 튀어나온 것은 '띄어 앉기'를 알리는 목적도 있지만 드러눕기를 방지하는 목적이 더 크다.

람이 누울 수 있을 만큼 긴 벤치에는 노숙자들이 누워 잠을 잘 수 있기 때문입니다.

선진국이 되어 갈수록 공원, 도로, 벤치, 공중화장실 등 도시 인프라 시설도 좋아지는데, 너무 잘 갖추어진 도심 기반 시설은 노숙자를 양산할 수 있습니다. 이러한 예는 부유했던 고대 로마 제국 시절부터 시작하여 지금도 뉴욕, 런던, 도쿄 등 세계적인 대도시에는 노숙자가 많습니다. 처음에는 한두 명이 공원 벤치에 앉아 있다가 그다지 제재를 하지 않는다는 것을 알게 되면 점차 다른 노숙인도 모여듭니다. 그러다 밤이 되면 신문지나 박스를 깔고 잠을 잡니다. 이렇게 며칠을 지내면서 누군가가 버린 우산, 헌 옷이나 담요를 모아 아예 자리를 마련합니다. 시간이 지날수록 점점 살림살이가 불어나 어느새 도시의 공공 공간이 노숙자들의 텐트촌으로 변하는 것을 볼 수 있습니다. 미관상 좋지도 않고 무엇보다 불법이지만 그렇다고 함부로 내쫓을 수도 없습니다. 인간에게는 누구나 기본적인 '거주권(right of shelter)'이 있기 때문입니다.

주거지 혹은 은신처, 쉼터로 번역되는 '셸터(shelter)'는 사람이 살아가는 데 필수적인 요소입니다. 사람뿐 아니라 동물에게도 기본적인 주거지가 있어야 하기에 이것을 빼앗지 않아야 합니다. 19세기의 철학자 윌리엄 오길비는 "자연법에 따라 사회는 인간을 포함한 어떤 동물에 대해서도 그 주거지를 빼앗을 수 없다"고 했습니다. 이에 따라 노숙자의 공간 점유가 불법이라 해도 함부로 내쫓을 수 없는 것입니다.

노숙자라도 인권을 생각하여 불법 점유를 묵인해야 하는가, 엄연한 불법이므로 내쫓아야 하는가, 한마디로 쉽게 답하기 어려운 문제입니다. 어쨌든 이미 거기 사는 이들을 내쫓기는 쉽지 않기 때문에 처음부터 발을 들이지 못하게 합니다. 앞서 말했던 가운데 턱이 있어 누울 수 없는 벤치 역시 노숙자를 배제하기 위한 '불편한 건축'입니다. 어쩌면 현대의 도시들은 노숙자와 전쟁을 벌인다고도 할 수 있습니다. 벤치, 공원, 공중화장실, 지붕이 설치된 버스 정류장 등 선진국이 되어 갈수록 도심 기반 시설이 잘 갖추어집니다. 하지만 이런 도심 기반 시설들은 노숙자들에게도 편한 쉼터가 되어 그들이 증가한다는 양면성이 있습니다. 또한 최근에는 생각하지 못한 곳도 노숙자의 차지가 되곤 합니다.

아이스크림 가게나 빨래방, 은행의 자율 이용 창구 등 24시간 무인점포가 늘어나고 있습니다. 또한 24시간 편의점도 낮에는 점원이 있지만 야간에는 무인으로 운영되는 경우도 많습니다. 주인은 없고 손님이 각자 알아서 이용하는 시설이다 보니 밤에는 노숙자들이 잠을 자기도 합니다. 이를 막기 위한 방법 중 하나로 회원증이나 신용카드가 있어야 문이 열리는 시스템을 도입합니다. 노숙자는 이런 카드의 발급이 어려울 테니 출입이 제한됩니다. 다시 말해서 노숙자를 쫓아낸다기보다 그들이 들어올 수 없는 공간을 만드는 것입니다. 여과 장치가 있는 실내 공간을 만들면 특정 대상을 배제할 수 있는데, 그 방법 중에 거대한 몰(mall)을 조성하는 것이 있습니다.

'쇼핑몰의 아버지' 빅터 그루엔의 특별한 설계

건축 기술의 발달에 따라 실내 공간은 점차 넓어지는데 그중 두세 개 공간을 하나로 연계하여 만든 것이 '몰'입니다. 우리나라에 최초로 등장한 몰은 1980년대 개장한 서울 잠실의 쇼핑몰입니다. 두 개의 백화점과 놀이동산, 실내 스케이트장과 수영장, 영화관, 호텔이 하나의 건물로 연결된 거대한 몰이었습니다. '몰'이라는 이름도 생소했고 지금까지는 볼 수 없었던 유형이었지만 점차 이러한 몰이 늘어났습니다. 1990년대에 코엑스몰이 들어섰는데 백화점, 호텔 및 대형 전시장과 컨벤션 센터가 연결된 거대한 몰입니다. 또한 오늘날 서울역이나 청량리역도 단순히 역만 있는 것이 아니라 백화점 및 상점가와 연계되어 몰을 형성하고 있습니다. 예전에는 이렇지 않았습니다. 기차역만 있는 역사였는데, '민자 역사'라고 하여 민간 기업이 자본을 대어 리모델링을 하면서 계열사 백화점을 유치한 것입니다.

본래 몰은 가로수가 심겨 있고 주변에 고급 상점가가 있는 넓고 깨끗한 거리를 이르는 말이었습니다. 프랑스 파리의 샹젤리제 거리나 미국 뉴욕의 5번가처럼 고급 상점들이 하나둘 들어서면서 자연적으로 생긴 거리입니다. 그런데 1950년대 미국에서 인위적인 실내 쇼핑몰이 등장했습니다. 1956년 미네소타주 미

코엑스몰 광장의 모습.

니애폴리스에 빅터 그루엔이 설계한 사우스데일 쇼핑센터가 문을 열었습니다. 전체 길이가 300미터에 이르는 긴 실내 공간이었는데, 그 긴 거리가 모두 유리로 덮여 있었습니다. 실내에는 2~3층 높이의 작은 상점들이 50여개 정도 늘어서 있어 18~19세기 유럽의 고급 상점가를 재현해 놓은 것 같았습니다. 미네소타의 연평균 기온은 7~8도로 쌀쌀한 편이지만 온통 유리 지붕으로 덮인 실내는 사시사철 온화한 봄 날씨여서 아열대 식물들이 심겨 있었습니다. 거대한 건축물 안에 다시 조그만 상점들이 들어 있는 형태, 그전까지 이러한 건축물은 없었습니다. 이것을 시작으로 1950~60년대 미국에는 빅터 그루엔이 설계한 쇼핑몰이 수없이 들어섰고 이후 그는 '쇼핑몰의 아버지'로 불리게 되었습니다.

백화점과 쇼핑몰은 비슷해 보이지만 조금 다릅니다. 백화점은 19세기 프랑스에서 발달했습니다. 본래 프랑스 파리는 17~18세기부터 보석, 양산, 모자, 고급 의류 등의 여성용품 상점이 많았습니다. 이런 상점들을 하나의 건물 안에 통합시켜 놓은 것이 백화점입니다. 한편 쇼핑몰은 20세기 미국에서 발달했습니다. 쇼핑몰은 도심이 아닌 널찍한 교외에 자리 잡으며, 한두 개의 백화점을 핵심 점포, 즉 '앵커 스토어(anchor store)'로 삼고 영화관, 식당가, 놀이공원 등과 연계하여 설계한다는 점에서 그 규모가 훨씬 큽니다. 그렇다면 왜 이런 건축 유형이 미국에서 생겨났을까요?

1950년대 미국은 '풍요의 시대'를 맞이하여 급성장하면서 집집마다 자동차가 보급되던 시기였습니다. 공장에서는 상품이 쏟아져 나오면서 이 많은 상품을 사고팔 거대한 시장이 필요해졌습니다. 19세기 유럽이었다면 시내에 자리 잡은 고급 백화점에서 팔고 소비자는 마차를 타거나 걸어서 물건을 사러 왔겠지만,

쇼핑몰의 실내 모습. 쇼핑몰은 실내에 구현된 하나의 거리라고 할 수 있다.

20세기 미국에서 소비를 담당해야 할 주부들은 다들 교외에 살고 있었습니다. 이들이 자동차를 이용해 편하게 쇼핑할 수 있도록 널찍한 교외에 쇼핑몰이 마련되어야 했습니다. 사우스데일 쇼핑몰은 5200대의 자동차를 수용할 수 있는 대형 주차장을 마련했는데, 당시에는 획기적인 일이었습니다.

집 앞에 주차된 자동차에 시동을 건 뒤 20~30분을 달려 쇼핑몰에 들어서면 별천지였습니다. 유럽의 어느 거리를 재현해 놓은 듯한 가로수와 가로등까지 있었으니까요. 미국은 물질적으로는 풍요로워도 문화적으로는 항상 유럽을 동경하고 있었습니다. 이 점을 포착한 빅터 그루엔은 파리의 샹젤리제 거리나 런던의 리젠트 거리를 그대로 실내에 옮겨 놓은 듯한 쇼핑몰을 만들었습니다. 바깥에 비가 오나 바람이 부나 실내는 언제나 온화한 봄날일뿐더러 안전하고 깨끗한 장소였습니다. 이렇게 되자 꼭 물건을 사지 않아도 구경하러 오는 사람이 늘어났습니다. 이곳을 산책하듯 걸어 다니며 시간을 보내는 거예요. 주로 주머니가 얇은 노인이나 청소년들이었습니다. 쇼핑몰 입장에서는 반갑지 않은 손님들이어서 경비원을 고용하여 물건을 사지 않고 시설물만 이용하며 시간을 보내는 사람들을 쫓아내기 시작했습니다. 이렇게 되자 이들은 마치 물건을 살 것처럼 빈 쇼핑백을 들고 다니기도 했어요.

만약에 그곳이 유럽의 백화점 거리였다면, 물건을 사지 않고 기웃거린다는 이유로 경찰이 그들을 내쫓을 수 없었을 것입니다. 하지만 거대한 사유지인 몰에서는 자체 고용한 경비원이 나타나 제재를 가할 수 있었습니다. 그뿐만 아니라 특정 대상을 손쉽게 배제할 수도 있었습니다. 예를 들어 놀이공원과 연계된 어느 대형 쇼핑몰이 있는데, 그곳에서는 온몸에 과도한 문신이 있는 사람의 출입을 제한하고 있었습니다. 어린이와 청소년의 출입이 많은 놀이공원의 특성상, 혐오감을 줄 수 있다는 이유에서입니다. 언뜻 수긍이 가기도 하지만, '과도한 문신'의 범위가 어디까지인지 불분명합니다. 솔직히 문신이 머리 염색이나 화장과 같은 개성의 표현인지 혐오의 대상인지부터 조금 애매합니다.

출입을 제한하는 지침은 만들기 나름입니다. 복면이나 얼굴을 가리는 베일을 쓴 사람을 막을 수도 있습니다. 범죄자가 자신의 정체를 숨기기 위한 도구로 악용할 수 있다는 이유를 들어요. 충분히 납득할 수 있지만, 실제로 조금 다르게 적용될 수도 있습니다. 프랑스에서는 이슬람 사람과 문화를 배제하는 기제로 사용되고 있어요.

프랑스는 과거 북아프리카의 알제리를 식민 지배한 바 있어서 지금도 알제리 출신의 무슬림이 프랑스 내에 많이 거주하고 있습니다. 미국이 흑백 간의 인종 차별이 심하다면, 프랑스는 북아프리카를 비롯한 무슬림에 대한 편견이 심한데 이들을 배제하기 위한 수단으로 특정 장소에서 베일 착용을 금지하는 것입니다. 심지어 프랑스 어느 해변에서는 무슬림 여성에게 베일은 물론 온몸을 감싸는 옷을 벗고, 대신 수영복을 입으라고 강제합니다. 널리 알려진 대로 이슬람 여성은 율법에 따라 얼굴은 물론 신체를 드러내는 것이 금지되어 있어요. 이는 장소를 불문합니다. 해변이나 수영장에서도 마찬가지예요. 그런데 프랑스 정부는 공공장소에서 자신의 종교를 드러내는 복장이나 표식을 금지하는 행정 명령에 따라, 그런 지시를 한 거예요.

이는 이슬람에 대한 탄압이며 그 기저에는 소수자에 대한 혐오와 차별이 도사리고 있습니다. 그뿐만 아니라 구청이나 마을 주민센터, 경찰서 등의 공공 기관을 방문할 때는 이슬람 베일을 착용할 수 없다는 규정을 만듭니다. 혹시라도 테러리스트나 강도가 위장할 수 있다는 점과 공공장소에서 특정 종교를 지나치게 드러내서는 안 된다는 이유를 들지만 이는 표면적인 것일 뿐입니다. 그 기저에는 프랑스 내에 거주하는 북아프리카인에 대한 혐오가 있습니다. 각종 복지 혜택을 받으며 세금을 축내는 사람이라는 편견이 도사리고 있어요. 실제로 소득 수준이 낮은 이들은 프랑스 정부가 제공하는 복지 혜택을 받아요. 그러자면 공공 기관인 구청이나 주민센터를 방문해야 하는데 이때 이슬람 복장을 하면 출입에 제한을 받아요. 응당 받아야 할 복지 혜택을 받기가 어려워집니다. 그리고 이는 먼 나라 일이 아니어서 우리나라에도 재현될 수 있습니다. 중국 동포, 외국인 노동자, 다문화 가정의 사람들에 대한 편견과 혐오가 우리나라에도 조금씩 자라고 있기 때문입니다.

쇼핑몰을 포함하여 점차 대형화되고 있는 몰도 이렇게 누군가를 배제하는 것이 가능합니다. 보안 인력을 고용하여 입구에서 선별적으로 출입을 허가하면 되니까요. 사우스데일 쇼핑센터가 그러했듯 모든 거대 몰에는 자체 보안 요원이 있어서 노숙자는 물론 배제하고 싶은 사람들을 쉽게 걸러낼 수 있습니다.

그 결과 사람들은 안전하고 깨끗한 몰 안에서만 움직이려 하고, 그럴수록 바깥 거리는 더욱 황폐화합니다. 노숙자, 구걸이나 포교 활동을 하는 사람, 전단지를 붙이거나 선전물을 나누어 주는 사람은 몰 안으로 들어갈 수 없어 오로지 거리에서만 활동하기 때문입니다. 그러니 누가 굳이 위험하고 복잡한 거리로 나가겠습니까. 서울역이나 청량리역 주변에 유난히 노숙자가 많은 것도 이 때문입니다. 역사는 도심 기반 시설이어서 어느 정도 기본 인프라가 갖추어져 있고 또한 경찰과 보안 요원이 관리하고 있어 노숙자는 실내에 들어올 수 없습니다. 그렇기 때문에 주변 언저리에 남겨지는 것입니다.

거리는 공공의 영역이어서 경찰은 복장이나 문신의 이유로 특정인을 배제할 수 없습니다. 하지만 대형 실내 공간이자 거대한 상업 자본과 연계된 몰에서는 가능합니다. 현대의 도시들은 건축물의 규모가 점점 커지면서 몰도 점점 광범위하게 사용되고 있습니다. 이제 단순한 쇼핑몰을 넘어서 쇼핑과 주거가 한데 엮

이기도 합니다. 요즘 유행하고 있는 대단지 아파트도 어쩌면 하나의 거대한 몰일 수 있습니다. 더구나 건축 기술이 발달하면서 예전에는 불가능했던 것도 이제는 가능한데, 그중 하나가 대형 지하 공간을 서로 연계시켜 계획하는 것입니다. 지하철역과 백화점·쇼핑몰은 물론, 지하철역과 대학 캠퍼스가 서로 연계되기도 합니다.

이렇게 몰들이 많아질수록 건물과 건물들이 서로 연결되어서 점점 거리로 나갈 일이 없어집니다. 자체 보안 요원에 의해 치안이 확립되고 잘 관리되는 거대한 실내 공간 안에서만 머물게 됩니다. 이곳에는 노숙자도 없고 우리 사회에서 혐오하고 배제하는 타자도 없습니다. 안락하고 편안한 공간이지만 실은 가장 '불편한 건축'일 수도 있습니다.

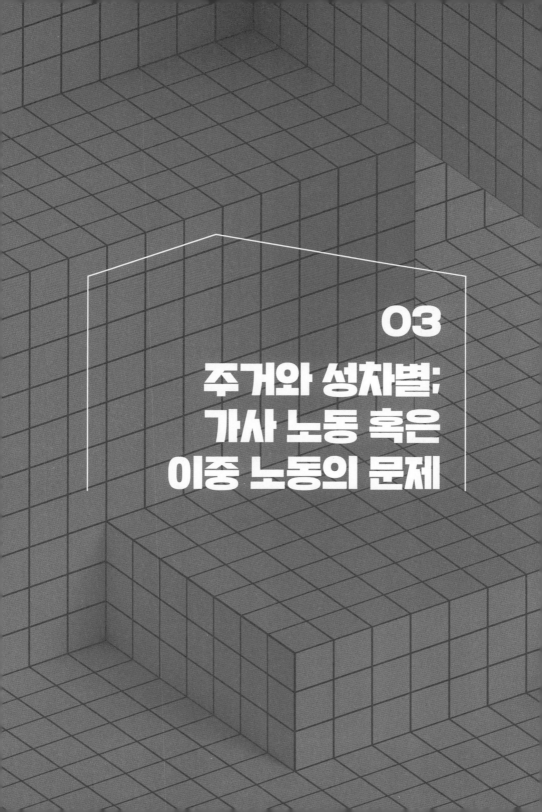

03

주거와 성차별:
가사 노동 혹은
이중 노동의 문제

아파트 모델 하우스에 가 보면 세련된 인테리어가 눈에 띕니다. 특히 요즘에는 주방 한곳에 책상을 두고 '맘스 데스크(mom's desk)' 혹은 '맘스 오피스(mom's office)'로 꾸밉니다. 엄마가 인터넷 검색이나 가계부 작성을 하는 곳입니다. 아빠는 직장에 책상이 있고 자녀들도 학교에 자기 책상이 있는데 엄마의 책상은 집안에 있습니다. 그런데 위치가 왜 하필 주방일까요? 아빠나 자녀가 주방에 책상을 두고 사용하기에는 어색한 공간인데, 왜 엄마에게는 사무실(오피스)이 되는 걸까요?

휴식 공간으로서의 근대 주택과 가사 노동

집은 편안한 휴식 공간입니다. 학생이라면 학교에서 돌아와 저녁을 먹고 TV를 보며 휴식을 취해요. 다음 날 아침이 되면 다시 학교에 갑니다. 학교와 직장은 공부나 일을 하기 위해 외부에 따로 마련된 생산 공간이고, 주택은 주거 전용 공간이자 소비 공간이라 할 수 있습니다. 하지만 원래부터 그렇지는 않았어요. 이런 형태가 정착된 것은 대략 19세기 무렵으로, 그전에는 집과 일터의 구분이 명확하지 않았습니다.

중세 시대 유럽에서는 농가 주택은 집과 농경지가 바로 맞붙어 있었고, 집에서 직접 버터와 치즈를 만들고 포도주를 저장하는 등 집은 곧 작업장이었습니다. 도시의 상인 주택도 마찬가지여서 1층에는 가게와 작업실을 겸하는 공방이 있었고, 2층과 3층은 가족들이 생활하는 공간이었습니다. 4층에는 다락이 있어서 상점에서 파는 물건을 보관하는 창고로 이용했습니다. 대장간이든 빵집이든 집과 작업장은 분리되지 않았고 가족들은 모두 함께 일했습니다. 그런데 18세기 후반 산업 혁명이 일어나 대형 공장이 생기자 사람들은 집에서 나와 공장에서 일하게 되었습니다. 집과 일터가 분리된 것입니다. 사람들은 이제 공장이나 사무실로 출근해 일하게 되었고 집은 점차 주거 전용 공간이 되었습니다. 외부의 직장은 돈을 벌기 위해 일을 하는 생산 공간, 주택은 일을 마치고 돌아오는 휴식 공간이자 살림을 하는 소비 공간으로 양분된 것입니다.

이와 함께 노동의 성격도 변했습니다. 농민이나 상인은 자신이 직접 생산한 물품을 판매했습니다. 하지만 공장이나 사무실에서 일하는 노동자들은 시간제 노동을 하고 봉급을 받습니다. 즉 물품이 아닌 자신의 노동력을 파는 것이며, 이는 현대 산업 사회의 모든 노동자들이 처한 상황입니다. 편의점에서 아르바이트를 하는 학생은 일한 시간만큼 돈을 받습니다. 직장인들은 하루 8시간 주5일제 근무를 하고 한 달 봉급을 받습니다. 프로 스포츠 선수들은 1년 단위로 연봉 계약을 합니다. 이렇듯 돈을 받고 일을 하는 것을 지불 노동이라 합니다. 그런데 아무리 일을 해도 돈을 받지 못하는 노동, 즉 부불(不拂, 임금을 받지 않는) 노동이 있습니다. 이는 악덕 사장이 임금을 체불하는 것이 아니라, 분명히 일을 했는데도 그것이 돈으로 환산되지 않는 경우를 말합니다.

대표적인 것이 가사 노동으로, 가족들을 위해 청소와 빨래를 하고 식사 준비를 하는 일, 어린아이와 노부모님을 돌보는 일 등입니다. 집에 있는 사람이 당연히 하는 것으로 생각하기 쉽습니다. 하지만 그 일을 가족이 아닌 누군가 대신하면 비용을 지불해야 합니다. 식사 준비와 청소, 빨래를 하는 가사 도우미, 어린아이를 돌보는 육아 도우미, 노부모나 환자를 돌보는 간병인을 고용하려면 시간당 정해진 임금을 주어야 합니다. 똑같은 장소에서 똑같은 일을 하지만 타인이 하면 돈을 지불해야 하는 지불 노동이 되고, 가족이 하면 따로 돈을 줄 필요가 없는 부불 노동이 됩니다. 이런 일은 대개 여성이 전담하는 경우가 많습니다.

산업 혁명 이후 공장에 기계가 도입되면서 단조로운 반복 작업이 증가하자 공장주들은 성인 남자 대신 여성이나 청소년, 어린이를 고용하기 시작했습니다. 여성이나 어린이는 성인 남자와 비교해 2분의 1에서 3분의 1 정도의 임금만 주면 되었기 때문입니다.

그전에는 한 번도 노동 시장에 나와 보지 않았던 이들은 조직적인 대항 능력도 약해서, 해고를 당해도 그 저항력이 남자보다 훨씬 미약했습니다. 당연히 공장주들은 적은 임금으로 쉽게 고용했다가 또 쉽게 해고할 수 있는 여성과 아동 인력을 선호했습니다. 이제 남성 노동자는 해고당하고 그 자리에 여성과 아동이 채워졌습니다. 한편 가정 내에서도 문제가 불거졌습니다.

철학자 푸리에의 주거 실험

공장주들이 고임금의 남성 노동자를 해고하고 저임금의 여성 노동자를 고용하자, 아버지가 실직하고 대신 어머니가 나가서 돈을 벌어야 했습니다. 그런데 해고된 남성들은 지불 노동도 부불 노동도 하지 않았지만, 여성은 주거 외부에서 새롭게 지불 노

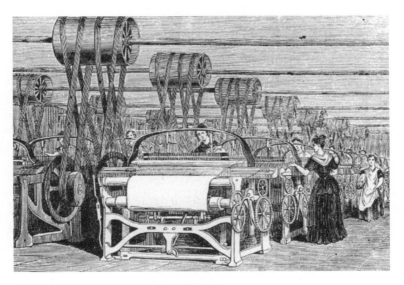

산업 혁명 시기 직물 공장에서 일하는 여성 노동자들.

동을 하고도 집으로 돌아오면 전통적인 가치관에 따라 여전히 부불 노동도 담당해야 했습니다. 아침부터 저녁까지 공장에서 일하고 집으로 돌아와서는 다시 가족들을 위해 식사를 준비하고 청소와 빨래를 해야 했어요.

　집안일을 가지고 굳이 지불 노동이니 부불 노동이니 하면서 복잡하게 생각하는가 하겠지만, 당시는 산업 혁명이 일어난 직후였습니다. 인간의 노동이 시간으로 환산되어 지불되면서 노동의 가치에 대해 점차 깊이 생각해 보던 때였습니다. 당장 여성이 겪게 된 이중 노동의 딜레마가 문제로 떠올랐고, 이를 해결하기 위해 몇 가지 방법이 제시되었습니다. 그중 가장 획기적인 방법을 생각한 이는 프랑스의 철학자 푸리에였습니다.

당시 프랑스도 곳곳에 공장이 생겨나 수백 수천 명의 노동자가 도시로 몰려들면서 주거 환경이 열악해졌습니다. 그러자 푸리에는 이들을 위한 공동 주거로 '팔랑스테르'를 제안했습니다. 프랑스어로 공동체를 뜻하는 '팔랑주'와 수도원을 뜻하는 '모나스테르'의 합성어입니다. 그의 계획안에 의하면 노동자들은 일종의 조합을 결성하여 팔랑스테르 안에 마련된 공장에서 함께 일하며 수익도 함께 분배합니다. 또한 노동자들은 아파트와 같은 거대한 공동 주택에서 함께 생활하는데, 각자 개인 아파트 안에는 주방이 마련되어 있지 않습니다. 대신 식사는 아파트 1층에 마련된 커다란 공동 주방에서 전담 조리사들이 만들고, 식사 시간이 되면 기숙사 식당처럼 다 함께 모여서 먹습니다.

또한 어린 자녀도 집 안에서 키우지 않고 팔랑스테르 안에 마련된 탁아소에서 보모가 키웁니다. 말하자면 개인 아파트 안에는 주방과 아이를 키우기 위한 어린이방이 없는데, 이런 주거 유형을 제안한 이유는 여성이 식사 준비와 육아라는 부불 노동을 하지 않도록 하기 위해서였습니다. 여성이 전통적으로 주거 내부에서 수행했던 부불 노동을, 주거 외부에 마련된 공동 식당과 탁아소에서 하는 지불 노동으로 전환하자는 개념이었습니다. 식

푸리에가 제안한 팔랑스테르의 모습(1840년 경).

당과 탁아소에는 조리사와 보모가 고용되어 급료를 받고 일을
할 테니까요.

팔랑스테르에 거주하는 주민이라면 남녀 모두 공장에 나가 일
을 했고, 일을 마치고 돌아온 부부는 공동 식당에서 함께 식사를
하고 집으로 돌아가 휴식을 취합니다. 어린아이는 낮 동안에는
탁아소에서 보모와 함께 지내다가 저녁에 잠시 부모를 만난 뒤
밤이 되면 다시 탁아소로 돌아가 보모와 함께 잤습니다. 이렇게
되면 여성은 주거 내부에서 부불 노동을 전혀 할 필요가 없습니
다. 또한 팔랑스테르 안에는 아이들은 위한 초등학교도 마련되
어 있어서, 오후 3~4시까지는 학교로 사용되다가 저녁 6시 이후
에는 주민들을 위한 영화관으로 이용됩니다. 아울러 빵집, 가게,
카페 등도 있는데 이는 주민이 모두 직접 운영합니다. 한마디로
자급자족이 가능한 거대한 공동체입니다.

몹시 극단적인 계획안이었지만 이것을 국가 차원에서 실제로 시행한 곳이 구(舊)소련입니다. 20세기 초 러시아에서 사회주의 혁명이 일어나 제정 러시아는 '소비에트 연방' 이른바 소련이 되었고 사회 전반에서 큰 변화가 일어났습니다. 그중 주택 부문에서는 돔 코뮤나(Dom Kommuna)라는 아파트를 지어 전 국민에게 분배했는데, 팔랑스테르의 계획 원리가 적용되었습니다. 돔 코뮤나는 지금도 더러 남아 있는데 5~6층 정도 높이의 복도식 아파트와 비슷합니다. 개별 주방이 없고 침실과 거실로만 이루어져 있어 상당히 협소한 편이고, 식사는 공동 주방에서 만들어 급식처럼 각 가정으로 배달되었습니다.

이와 함께 대도시 곳곳에 국영 식당도 등장했습니다. 러시아도 19세기까지는 유럽 각국과 비슷해서 도시에 고급 레스토랑이 많았지만 1917년 혁명 이후 모두 국영 식당으로 전환되어 어린이와 노동자에게 무료 식사를 제공했습니다. 1920~30년대에는 "개별 주방을 없애자" 라는 것이 전국적인 슬로건이 되었습니다. 돔 코뮤나는 1926~30년 사이에 집중적으로 지어졌지만 몹시 불편하고 협소해서 1932년부터는 더 이상 지어지지 않았습니다. 결국 '부엌 없는 집'은 실패한 셈입니다.

구 소련이 이렇게 극단적인 주거 실험을 했던 이유는 여성을 가사 노동에서 벗어나게 해 부족한 노동력을 확보하고자 했던 목적이 큽니다. 국영 농장과 공장에서 더 많은 일을 시키기 위해서는 여성 인력도 동원해야 했기 때문입니다. 1990년대 들어 사회주의 실험이 사실상 실패로 드러남과 동시에 푸리에의 팔랑스테르 같은 집도 더 이상 지어지지 않고 있습니다. 다만 스웨덴이나 덴마크 같은 북유럽 국가에서 일부 지어지고 있는데 노인들을 위한 복지 주택이나 유료 양로원인 경우가 많습니다. 노인들이 직접 식사 준비를 하는 것이 어렵거나 불편하기 때문입니다.

또한 특수한 목적의 종교 공동체인 유대인의 키부츠(kibbutz, 히브리어로 모임, 공동체라는 뜻)도 이런 식으로 운영되고 있습니다. 키부츠는 유대인들이 함께 모여 거대한 농장을 공동 경작하며 공동생활을 하는 곳입니다. 농지와 농기계를 비롯한 모든 것은 공동 소유이고 주택도 팔랑스테르와 같은 공동 주택에서 살고 있습니다. 각 가정은 개별 아파트를 배정받는데 여기에도 주방과 어린이방은 없습니다. 식사는 공동 식당에서 함께 하고 아이는 탁아소에서 기르는 등 팔랑스테르와 가장 유사한 형태로 이루어지고 있습니다. 키부츠는 이스라엘이나 팔레스타인 지역에서 많이 찾아볼 수 있습니다. 현재 이스라엘에는 200개 이상의 키부츠가 있고 거주 인원은 10만 명 이상인데, 이스라엘의 전체 인구가 880만 명인 것과 비교해 보면 매우 높은 수치입니다.

한편 미국과 유럽을 비롯한 자본주의 진영에서는 여성의 이중 노동 문제를 해결하기 위해 다른 방법을 제시했습니다. 여성이 직장에서 지불 노동을 하고 집에 돌아와 부불 노동을 하는 반면, 남성은 직장에서 지불 노동을 할 뿐 집에서 부불 노동을 하지 않는 것이 문제입니다. 그렇다면 이제부터 남성도 집에서 부불 노동을 함께 하자는 방향으로 갑니다. 가사와 육아로 대표되는 부불 노동을 남성도 함께 분담하라는 이른바 '가사 분담' 캠페인을 벌인 것입니다. 지금은 설거지나 빨래, 청소, 육아 등 모든 집안일을 남성과 여성이 함께 나누어서 하도록 초등학교와 중·고등학교에서 교육하고 있습니다. 그래서 모두 당연하게 생각하지만 실은 1960~70년대에 만들어진 새로운 개념입니다.

요약하자면 전통적으로 여성이 주거 내부에서 수행해 온 부불 노동의 문제를 해결하는 데 있어 사회주의 진영과 자본주의 진영의 해법이 서로 달랐습니다. 소련에서는 부불 노동을 주거 외부로 끌어내어 철저히 사회화시켰다면 유럽과 미국에서는 이를 주거 내부에 그대로 둔 채 가정사로 만들었습니다. 그리고 지금도 이 문제는 여전히 뜨거운 감자입니다. 남성과 똑같이 대학을 졸업하고 직장에 다니다가도 결혼을 하여 아이를 낳고 나면 여성은 힘들어집니다. 현대 산업 사회에서 여성에게 요구되는 지불 노동 외에 가사와 육아라는 전통적인 부불 노동에도 여전히 책임이 지워지기 때문입니다. 한편 또 하나의 문제가 있는데 바로 경력 단절 여성 문제입니다.

신도시 베드타운의 경력 단절 여성

회사를 다니다가 임신과 출산 문제에 맞닥뜨리면 여성은 잠시 일을 쉴 수밖에 없습니다. 그러다가 아이가 어느 정도 자라면 다시 재취업을 생각하게 되는데 이때 심각한 경력 단절 문제에 직면합니다. 일자리 부족으로 전공과 상관없는 일을 하는 경우가 많습니다. 경력도 인정받지 못하여 저임금을 받으며 마트의 판매원, 식당 보조 업무 등을 합니다.

직장을 선택할 때 남성과 여성은 다음과 같은 차이를 보입니다. 1) 전공을 살리고 적성에 맞는가? 2) 보수는 많이 받는가? 3) 정년이 보장되어 있으며 승진도 가능한가? 4) 지방 출장이나 야근이 많지는 않은가? 5) 집에서 멀어 출퇴근 시간이 오래 걸리는가? 같은 선택지가 있을 때 남성은 1번, 2번, 3번을 주요 고려 요소로 삼는 반면, 여성은 4번, 5번을 중시하는 경향이 있습니다.

다시 말해 남성은 전공을 살릴 수 있고 보수가 많고 정년 보장과 승진이 확실하다면 일이 힘들거나 야근이 많고 출퇴근 시간이 오래 걸려도 그 직장을 선호합니다. 그런데 여성은 지방 출장이나 야근이 많고 출퇴근에 시간이 오래 걸리면 다른 조건이 좋아도 그 직장을 포기하는 경향이 강합니다. 물론 이는 학교를 갓 졸업한 미혼의 남녀보다는 이미 결혼하여 남편이자 아빠로서 혹은 아내이자 엄마로서의 삶을 살아가는 경우에 그 차이가 두드러집니다. 사회에서 요구하는 성 역할이 서로 다르기 때문입니다.

여성이 업무 강도가 낮고 집과 가까운 직장을 선호하는 이유는 가사와 육아 때문입니다. 가사와 일을 병행하자면 아무래도 업무 강도가 낮은 직장을 선호하게 됩니다. 그래서 남성이 전공을 살려 고임금의 안정적인 일자리를 얻는 반면, 여성은 집과 가까운 곳의 일자리를 찾게 됩니다. 그러다 보니 전공과 관련이 적고 임금이 낮으며 임시직인 일자리도 감수합니다.

그뿐만 아니라 대도시의 집값이 점점 비싸지면서 요즘엔 젊은 부부가 대도시 인근 신도시에 집을 얻는 경우가 많습니다. 신도시에 아파트를 구했다 하더라도 직장은 여전히 서울에 있습니다. 경기도의 집-서울의 직장, 이처럼 물리적 거리가 커질수록 출퇴근 시간은 점점 길어집니다. 혹은 아이가 태어나 더 넓은 집과 좋은 환경을 찾아 수도권의 신도시로 이사를 가기도 합니다. 이렇게 되면 가사와 육아 부담이 커지면서 여성이 직장을 그만두게 될 확률도 높아져요. 남성이 직장에 다니는 동안 여성은 집안에서 육아와 가사를 전담합니다. 그러고 나서 어느 정도 아이가 자라고 나면 새로운 일자리를 찾게 되는데, '베드타운'으로 불리는 신도시에서 경력이 단절된 여성이 적당한 일자리를 찾기란 어렵습니다. 대신 백화점, 쇼핑몰, 식당, 카페 등 주로 소비 공간이 많기에 이런 곳에 임시직으로 재취업하는 경우가 많아져요.

한편 신도시에 아파트를 마련한 가정의 남편도 사정은 녹록치 않습니다. 새벽에 일어나 출근 준비를 해야 서울 도심에 있는 직장에 제시간에 도착할 수 있습니다. 저녁 6~7시에 퇴근한다고 해도 집에 돌아오면 밤 9시를 넘기기 일쑤입니다. 오전 9시부터 저녁 6시까지 사무실에서 일하는 정규적인 노동 시간 외에 출퇴근에 걸리는 왕복 4시간도 실은 노동 시간에 속합니다. 모두가 노동을 위해 소모되는 시간이니까요.

이처럼 정규 노동을 위해 반드시 필요하지만 노동으로 간주되지 않는 노동, 이것을 '그림자 노동'이라고 합니다. 오스트리아의 철학자 이반 일리치가 창안한 개념으로 이 또한 보수가 지급되지 않는 부불 노동입니다. 남편의 출퇴근 시간이 길어지면 근거리 통근을 하는 아내의 부담도 늘어납니다. 원칙대로라면 남편과 아내가 모두 주거 외부에서 지불 노동을 하고 있으므로 가사노동도 공평하게 분담해야 하지만, 현실적으로는 그렇지 않습니다. 새벽 6시에 집을 나섰다가 밤 9시에야 들어온 사람에게 집안일을 부탁하기 미안해요. '가까운 데서 편하게 일하는 내가 좀 더 희생해야지, 돈을 적게 버는 내가 집안일을 좀 더 해야지.' 하는

경기도 신도시 모습.

생각이 들기 마련입니다.

　고임금의 정규직 남성과 저임금의 임시직 여성으로 양분된 고용 형태, "남편은 하루에 한 번 출근하지만, 나는 하루에 두 번 출근한다. 아침 9시 회사로 출근하며 저녁 7시 다시 집으로 출근한다"라는 말로 대표되는 여성의 이중 노동 문제, 그 저변에는 일터와 집의 분리가 자리 잡고 있습니다. 도시가 커지면서 이러한 일터와 집의 분리 현상도 심해지고 있습니다. 그렇다면 집과 일터가 분리되지 않는다면, 다시 말해 집에서 일하는 재택근무가 일상화된다면 이 문제가 해결될까요?

'집안일'인가 '집에서 하는 일'인가

코로나19로 인해 비대면 재택근무가 확산되었습니다. 사실 코로나19 이전부터 인터넷 등 통신의 발달로 재택근무는 조금씩 증가하고 있었습니다. 고용주 입장에서 사무실 비용을 절감할 수 있고, 집에서 일하는 사람에게는 출퇴근을 하는 사람보다 급료를 적게 주어도 되기 때문입니다. 그래서 사무실에는 핵심 인력만을 남긴 채 나머지는 재택근무 인원으로 전환시키는데, 이때 남성은 주로 '핵심 인력'이자 정규직 출퇴근 직원, 여성은 '보조 인력'이자 재택근무를 하는 비정규직으로 양분되는 경향이 있습니다. 여성 입장에서도 출퇴근 시간을 아낄 수 있고 업무 강도가 그다지 높지 않다는 생각에 재택근무를 선호하기도 합니다. 이 경우 '집에서 일하는 여성'은 두 가지 문제에 직면합니다.

고용주는 '집에서 편하게 일하니까 저임금을 줘도 되는 사람'으로 보고, 가족들은 '집에 있는 사람' 그러니까 '언제든 가사를 부탁해도 되는 사람'으로 인식합니다. '집에 있는 사람'이라는 말은 집과 일터가 분리된 현대 산업 사회에서 실직자, 무직자와 동의어가 되었습니다. 재택근무자인데도 집에 있다는 이유로 무직자와 비슷하게 취급받는 것이에요. 세탁물 맡기기, 아이 등교, 재활용품 분리수거하기 등 일상적인 가사 노동 외에도 갑자기 노부모님이 아프실 경우 그에 대한 돌봄 노동까지, 모두 재택근무자인 여성에게 전가됩니다. 출퇴근하는 것도 아닌데 가사 노동 쯤 더 해도 된다고 생각하는 거예요.

코로나19 사태가 장기화되면서 노동 시장에도 영향을 미쳤습니다. 감염병 예방을 위해 재택근무가 장려되고 경기가 침체되면서 단축 근무와 함께 노동자들이 필요에 따라 노동 시간과 장소를 선택할 수 있는 이른바 '유연 근로제'가 확산된 것입니다. 뿐만 아니라 임신이나 출산, 육아 등의 문제로 복지 차원에서 유연 근로제가 도입되기도 했습니다. 임신한 직원은 하루에 한두 시간 정도 업무 시간을 줄여 준다거나, 젖먹이 아이를 키우고 있으면 반나절은 사무실에서 근무하고 나머지 반나절은 재택근무를 하는 등 재량껏 일할 수 있는 제도입니다.

얼핏 임신과 출산에 따른 경력 단절 문제에 대한 해법으로 보이지만, 악용될 수도 있습니다. 유연 근로제를 선택했다는 이유로 임금 차별이나 승진 누락 등의 불이익을 줄 수도 있어요. 여성 노동자는 유연 근로를 하는 사람 그러니까 저임금을 주어도 되는 사람이라는 인식이 굳어질 수 있습니다. 이쯤 되고 보면 여성은 직장을 가져도 문제, 갖지 않아도 문제인 것 같습니다. 역사적으로 볼 때 여성의 직장생활은 시대와 상황에 따라 유동적으로 변했습니다.

전근대 사회에서 여성의 취업 여부는 그다지 중요하지 않았습니다. 집과 일터가 분리되어 있지 않았기 때문에 집에 있다고 해서 일을 하지 않는 것도 아니었으니까요. 당시 가사 노동은 매우 중요했습니다. 그런데 산업 혁명으로 대공장이 생겨나 저임금의 여성 고용이 증가해요. 20세기 초반에는 유럽에서 1차 세계 대전이 일어나면서 갑자기 여성의 외부 취업이 장려되기 시작했습니다. 전쟁으로 부족해진 생산 인력을 채우려면 여성 노동력이 필요했기 때문입니다.

특히 1차 세계 대전을 계기로 자동차, 비행기, 소총과 화기를 비롯한 군수 산업이 크게 발달했는데, 군수 공장에서 일할 인력이 부족했습니다. 그런데 전쟁이 끝나면서 상황이 돌변해요. 그동안 산업 전사로 불리던 여성들은 다시 가정으로 돌아가야 했습니다. 전쟁터에서 돌아온 남성들에게 일자리를 양보해야 했기 때문입니다. 특히 1·2차 세계 대전 기간 개발된 군수 제품은 전후 가전제품으로 바뀌었습니다. 라디오, 텔레비전, 냉장고, 전자

레인지 등 지금 우리가 사용하고 있는 가전제품은 본래 군수용으로 개발되었던 것이 많습니다.

그렇게 해서 군수 공장은 전쟁 후 전자 제품 공장으로 바뀌었고, 전쟁에서 돌아온 남자들이 공장에 들어가 공산품을 만들기 시작했어요. 나중에는 과잉 생산된 전자 제품들을 소비해야 했는데, 소비의 주체는 가사 노동을 하는 여성이었습니다. 이제 각종 가전제품을 이용해 집안을 청결하고 안락하게 만들어야 하는 것이 여성들의 중요한 덕목이 됩니다. 이것이 대략 1950~60년대에 유럽과 미국에서의 일입니다.

한편 1970~80년대가 되면 집집마다 가전제품을 사용하면서 가사 노동의 강도는 훨씬 줄어듭니다. 이즈음 미국과 유럽 등의 나라가 복지 정책을 펼치면서 사회적 비용이 증가해요. 이에 따라 세금을 많이 걷게 되면서 실질 소득이 떨어져 남성이 혼자 벌어서는 생활을 유지하기 어려워집니다. 여성은 또다시 취업을 권유받아요. 이처럼 여성의 취업은 시대와 상황에 따라 장려되거나 저지되기도 합니다. 하지만 변하지 않는 것은 지불 노동과 부불 노동의 이중 노동 문제에 여전히 놓여 있다는 것입니다.

일상 속 젠더 폭력-주방 이야기

오늘날 가사 노동은 예전보다 훨씬 수월해졌지만 간병이나 돌봄 서비스 등은 여성에게 곧바로 전가됩니다. 이 때문에 여성이 하던 일을 그만두거나, 간병인을 고용하기 위한 돈을 벌기 위해 임시직으로 일을 해야 하는 경우가 많아요. 이래저래 상황에 따라 여성의 취업을 장려하기도 하고 기피하기도 합니다. 이를 두고 '여성 노동 특유의 유연성'이라고 완곡하게 말하기도 하지만, 더 큰 틀에서 보면 '젠더 폭력'이기도 합니다.

젠더 폭력이란 여성이기에 혹은 남성이기에 당하는 폭력, 만약에 다른 성이었다면 당하지 않았을 부당한 대우를 모두 아울러 말하는 것입니다. 성폭행이나 성추행 같은 성폭력은 대개 주거 외부에서, 남성이 여성에게 가하는 경우가 많습니다. 이는 피해 사실이 명확하기 때문에 곧바로 경찰이 개입하여 처벌할 수 있습니다. 하지만 집안 내부에서 가족 간에 이루어지는 젠더 폭력은 명확히 입증하기가 어렵습니다. 가족이라는 미명하에 폭력인지도 모르고 넘어가는 경우도 많아요.

예를 들어 시어머니가 갑자기 쓰러졌습니다. 그 이야기를 들은 시누이는 오빠가 아닌 새언니에게 전화를 걸어 "엄마를 빨리 병원으로 모시고 가라"고 합니다. 오빠는 바쁘고 같은 여자끼리

편해서 그런다고 생각하기 쉽지만, 반대의 성일 경우에 이런 일은 흔히 일어나지 않습니다. 장인어른이 갑자기 쓰러졌을 때 회사에 있는 매형에게 전화를 걸어 병원으로 모시고 가라고 이야기할 처남은 많지 않아요. 돌봄을 당연히 여성의 몫으로 생각하기 때문이에요. 반대의 성이라면 일어나지 않았을 일, 이것이 바로 젠더 폭력의 속성입니다. 이런 일은 법적으로 항의할 수도 없고 경찰을 부를 수도 없습니다. 폭력이라는 개념조차 희박하기에 윤리적 문제로 치부되기 일쑤예요.

성 역할이 획일적으로 적용되는 사회에서는 누구나 가해자가 될 수 있어요. 한쪽에서는 피해자가 되고 다른 한쪽에서는 가해자가 되기도 하고요. 바쁜 아침의 등굣길, 아이가 엄마에게 짜증을 냅니다.

"내 운동화 어디 있어? 아직 안 빨아 놨단 말야? 내 교복은? 엄마는 대체 뭐 하는 사람이야?"

어린 나이라 잘 몰라서 그럴 수 있다고는 하지만, 따지고 보면 이 역시 폭력입니다. 성 역할을 강요했으니까요. 이 아이 역시 밖에서는 또 다른 형태의 젠더 폭력에 노출되어 있을 테지만, 이 상황에서만 보자면 가해자가 되어 버린 셈이에요. 부불 노동의 책임을 여성인 어머니에게 전가했으니까요. 앞서 언급했던 맘스데스크, 맘스 오피스도 마찬가지입니다. 엄마를 위한 공간이 왜 하필 주방 옆일까요? 주방 일을 책임지는 사람은 여성, 곧 엄마라는 고정관념 때문입니다.

주방은 현대 주택에 남아 있는 유일한 가사 노동 공간입니다. 이는 여성을 억압하는 공간으로 작용해요. 그래서 1850년대 이상주의자였던 푸리에는 개별 주방이 없는 집을 제안했습니다. 100년 전 구소련에서도 "개별 주방을 없애자"라는 캠페인을 벌였지만 성공하지 못했습니다. 오히려 1950~60년대 미국을 중심으로 냉장고, 전자레인지, 믹서와 토스터 등의 가전제품이 집 안에 들어차면서 주방은 더욱 크고 화려해졌습니다. 여성들의 가사 노동은 여기서 끝나지 않은 채 이제는 주방 한쪽에서 일도 합니다.

책상이 놓이고 그곳에서 인터넷 강의를 통해 외국어를 배우거나 재택근무를 해요. 화상 회의에 열중하고 있는데 지나가던 가족이 한마디씩 합니다. "엄마, 나 배고파, 밥 없어?" "여보, 내 양복 세탁소에 맡겼어?"

만약 남성이 그곳에서 일하고 있었다면 그런 반응을 보일 수 있을까요? 애초에 주방 한쪽에 '아빠의 사무실(dad's office)'이 놓일 일도 없겠지만 그런다고 해도 '엄마의 사무실'처럼 편안하게 침입해 가사 노동을 요구하지는 않을 것입니다. 집에서 일도 하고 가사 노동도 하는 엄마는 행복할 거라고 생각하는 사회에 살다 보면 젠더 폭력에 무감각해질 수밖에 없어요.

또 하나의 젠더 폭력;
남자 화장실에 들어온 여성

    젠더 폭력은 공간적 경계를 무시하면서 이루어집니다. 이는 특정 성에만 국한되지 않아요. 이를테면 혼잡한 고속도로 휴게소에서 여성들이 갑자기 남자 화장실에 들어가는 경우가 있습니다. 여자 화장실 줄이 너무 길어서 마냥 기다리다가는 고속버스를 놓칠지도 모른다는 이유를 댑니다. 하지만 이유가 어찌 되었든 옳지 않은 일이에요. 남성이 같은 행동을 했다면 곧바로 경찰 조사를 받습니다. 성범죄자가 되지 않으려면 화장실에 들어간 이유를 충분히 설명할 수 있어야겠지요. 그렇다면 여기서 의문이 생깁니다. 왜 여성들은 더러 남자 화장실을 이용할 수 밖에 없는 걸까요?

    고속도로 휴게소뿐 아니라 극장이나 마트, 기차역 등의 공공장소에서 남자 화장실은 한산한데 여자 화장실만 길게 줄이 늘어선 풍경을 쉽게 마주칠 수 있습니다. 그 이유는 화장실을 설계할 때 개수 계산을 잘못했기 때문입니다. 다시 말해 남성과 여성 비율을 기계적으로 1대 1로 적용한 결과예요. 어떤 시설의 전체 이용객이 500명이라 했을 때 남자 250명, 여자 250명이므로 변기의 수는 각각 다섯 개씩 둡니다. 이때 남자 화장실은 소변기 세 개, 대변기 두

개, 여자 화장실은 대변기 다섯 개를 설치합니다.

그런데 여기에는 사용 시간과 이용 횟수가 빠져 있습니다. 남성은 간단하게 소변기만 이용하는 경우가 많고 사용 시간도 1~2분 정도로 짧습니다. 하지만 여성은 사용 시간이 3~4분 정도로 더 깁니다. 사용 횟수도 달라서 여성이 훨씬 더 자주 화장실에 갑니다. 또한 돌봄 노동을 전담하는 여성이 아직 혼자 화장실에 갈 수 없는 어린아이까지 동반하는 경우가 많기에 이 상황까지도 생각해 주어야 합니다.

실제로 여자 화장실에는 기저귀 갈기, 모유 수유 같은 일도 생깁니다. 이 모든 것을 감안하면 일괄적으로 남녀 화장실 공간을 똑같이 나눌 게 아니라, 여성 화장실의 변기를 두세 배로 더 많이 설치해야 합니다. 여성 쪽을 좀 더 배려해야 해요.

사무실이나 백화점, 마트 등 이른바 '피크 시간'이 따로 없는 화장실은 그나마 덜하지만 고속도로 휴게소, 콘서트장, 영화관, 대형 경기장처럼 짧은 시간에 많은 사람이 한꺼번에 몰리는 경우는 문제가 더 심각합니다. 대개 여성 화장실 줄이 두세 배 더 길어요. 남녀 똑같이 공간을 나눈다는 생각은 일차원적입니다. 건축에서는 좀 더 면밀한 관찰을 통해 이용자의 특성을 파악하고 여기에 맞춰 공간을 확보해야 해요.

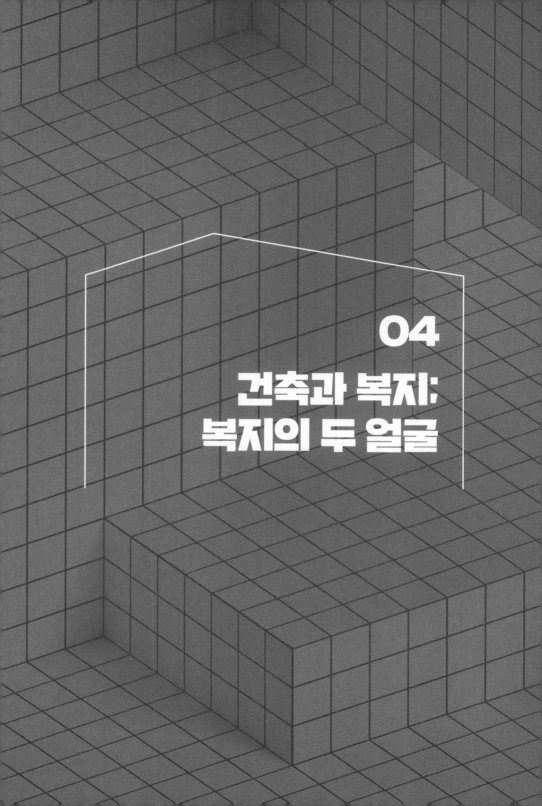

04

건축과 복지:
복지의 두 얼굴

지금으로부터 2000년 전 기원 무렵 로마 시민들이 길게 줄을 서서 무언가를 기다리고 있었습니다. 가난한 사람들에게 무상으로 나누어 주는 빵을 받기 위한 줄이었습니다. 이윽고 빵을 받은 사람들은 시내 곳곳에 마련된 목욕장이나 경기장으로 갔습니다. 로마의 목욕장은 단순히 몸을 씻는 곳이 아니라 운동도 하고 사람을 만나 이야기도 나누며 한나절을 지낼 수 있는 곳이었고, 경기장에는 전차 경주, 검투사와 짐승의 결투 등 구경거리가 많았습니다. 이 모든 것은 다 무상으로 제공되었습니다. 로마 시민이라면 빵을 공짜로 받을 수 있고 목욕장도 경기장도 모두 무상으로 이용할 수 있었기 때문에 로마의 정치를 일컬어 '빵과 서커스'라고 합니다. 그렇다면 로마는 왜 빵과 서커스를 시민에게 제공했던 걸까요? 그 모든 것을 무상으로 지급받은 로마 시민들은 정말 행복했을까요?

"빵과 서커스로 시민을 기쁘게 하라"

로마 시내에는 2000년 전에 지어진 목욕장과 경기장들이 지금도 남아 있습니다. 이런 시혜적인 공공 서비스 건물은 로마의 정치가 공화정에서 제정으로 바뀐 이후 로마 시민들에 대한 회유책으로 지어졌습니다. 로마는 본래 선거를 통해 지도자를 선출하는 공화정 체제(BC 510~BC 27)였다가 아우구스투스가 황제와 다름 없는 권력을 행사하게 되면서 사실상 제정이 되었습니다. 이후 황제가 된 티베리우스가 황제의 권력 강화를 위해 민회를 폐지하자 시민들의 반발이 거셌습니다. 티베리우스 황제는 회유책으로 시민들에게 밀, 돼지고기, 올리브유, 포도주를 지급했고 서커스와 검투사 대회도 개최했습니다. 아우렐리우스 황제 때는 밀가루 대신 빵을 빈민에게 하루에 두 개씩 지급했는데, 대략 30만 명이 이 빵을 받을 수 있었습니다. 로마는 주변의 정복지를 속주로 삼아 재원은 충분한 편이었습니다.

이 시기에 무료입장이 가능한 목욕장도 많이 지어졌습니다. 빈민에게 빵이 지급되자 많은 사람들이 로마로 몰려들었는데 이들은 화장실이나 부엌이 제대로 갖추어지지 않은 단칸 셋방에 거주했습니다. 그래서 대형 목욕장을 지어 무료입장을 시켜주는 것이 매우 중요한 일이었습니다. 당시 목욕은 위생과 청결의 상징이자 야만과 문명을 구분하는 징표이기도 했습니다. 로마는 스스로를 문명인이라 규정지었고 주변 민족들은 야만인으로 간주했습니다. 문명인은 목욕을 통해 몸을 청결히 해야 했으므로 목욕장은 문명국 로마에서 기본적으로 갖추어야 하는 필수적인 시설이었습니다. 이처럼 빵과 목욕장은 공화정에서 제정으로 전환된 이후 베풀어진 시혜이자, 복지 정책이었습니다.

2000년의 세월이 흘러 현대의 국가들도 이와 비슷한 복지 정책을 실시하고 있습니다. 소득 수준이 낮은 가구에는 최저 생활이 가능하도록 지원금을 주고 있으며 샤워 시설이 없는 오래된 주택에 사는 사람들에게는 대중목욕탕을 이용할 수 있는 목욕 쿠폰을 지급하고 있습니다. 현재 우리나라도 예전과 비교해 볼 때 많은 복지 혜택이 제공되고 있습니다. 그렇다면 이제 아무런 걱정 없이 모두 행복한 것일까요?

과거 1950~60년대와 비교하면 절대 빈곤의 상황은 벗어났다고 할 수 있지만, 생활 수준이 높아지면서 새롭게 문제가 드러나고 있습니다. 바로 사회적 불평등과 인권 문제입니다. 이러한 문제들은 예전에도 있었지만 그때는 먹고사는 문제가 시급해서 다른 것은 생각할 겨를이 없었다가 이제야 비로소 수면 위로 떠오

르기 시작했다고 하는 편이 정확하겠습니다.

로마 제국의 예에서 알 수 있듯이 복지 정책은 중앙 권력을 강화하는 과정에서 하나의 회유책으로 제공된다는 공통점이 있습니다. 로마 제국 시대에는 국가 단위에서 제공하는 최초의 복지 서비스라 할 수 있는 빵과 서커스, 목욕장이 제공되었지만, 이후 중세 유럽의 복지는 고아나 빈민, 행려병자를 지역 교회와 성당에서 구휼하는 것이 대부분이었어요.

포로수용소를 닮은 영국의 구빈원

국가 정책으로서의 복지가 다시 등장하는 것은 17세기 초 영국입니다. 1601년 엘리자베스 여왕이 빈민을 구제한다는 구빈법(Poor Law)을 실시합니다. 그렇다면 왜 이 시기 국가가 빈민을 구제했는지 그 시대적 배경을 살펴보아야 합니다. 엘리자베스 여왕의 아버지는 헨리 8세로서, 16세기 영국에서 절대 왕정을 시작한 왕입니다. 당시는 유럽 전역에서 중세가 끝나고 15세기 스페인을 시작으로, 16세기 영국 등에서 차례로 절대 왕정이 시작되던 때입니다. 아울러 인클로저 운동이 진행되면서 빈민과 유랑민이 급증하던 때이기도 했습니다.

인클로저(enclosure) 운동이란 본래 공유지로 사용하던 넓은 목초지를 갑자기 귀족들이 울타리를 쳐서 사유화하면서 양을 키우기 시작하던 것을 말합니다. 본래 목초지는 농노들이 텃밭으로 가꾸고 땔감을 얻기도 하는 등 공유지에 가까운 것이었는데, 이것을 사유화하자 농노들은 생계가 어려워져 빈민으로 전락했습니다. 이들은 농지를 떠나 도시로 들어와 유랑이나 걸식을 하면서 살게 되었습니다. 중세의 종말과 절대 왕정의 시작, 봉건제의 쇠퇴와 인클로저 운동의 시작, 이 두 가지 요인으로 인한 빈민과 유랑민이 증가했고, 이를 해결하기 위해 구빈법이 시행된 것입니다. 대표적인 조치는 구빈원 수용이었습니다. 당시 유랑민과 걸인은 잠재적인 범죄자 취급을 받았고 구빈원의 시설은 포로수용소와 비슷했습니다.

가족들은 흩어져서 남녀로 따로 수용되었고 나태한 생활 태도를 개선하고 자립 의지를 심어 준다는 명분으로 새벽부터 저녁까지 고된 노동에 시달려야 했는데, 주로 옷감 짜는 일을 했습니다. 인클로저 운동으로 목초지마다 양 떼가 넘쳐났고 창고마다 양털이 산더미처럼 쌓여 있어서 옷감을 짤 노동력이 많이 필요했습니다. 이렇게 일을 하는데도 지급되는 식사나 의복, 잠자리는 형편없었는데, 이는 "열등 처우"의 원칙 때문입니다. "만약 구빈원 생활이 평균보다 낮다면 누가 힘들게 일을 하겠는가? 차라리 구빈원에 들어가 놀고먹으려는 사람이 많아질 것이다. 그러

영국의 소설가 찰스 디킨스의 소설 『올리버 트위스트』에 나온 구빈원 모습. 소설의 주인공 올리버 트위스트가 죽을 더 달라고 말하고 있다.

니 최저 수준으로 처우를 해야 이들이 자립 의지를 가질 것이다"라는 생각에 근거합니다. 이것이 바로 17세기 초 엘리자베스 여왕이 실시한 구빈법입니다.

급격한 사회 변동으로 인해 대거 발생한 노숙자, 부랑인, 걸인 등을 특정 시설에 수용하여 숙식을 제공하고 일을 시키는 이 방식은 18~19세기 유럽에도 널리 퍼지게 되었고, 20세기 초 우리나라에도 들어왔습니다. 우리나라는 일제 강점기와 한국 전쟁을 거치며 1950년대 많은 노숙자와 걸인이 생겼습니다. 국가에서 이들을 미처 다 수용할 수 없어 사회사업가 혹은 독지가라고 하는 개인이 시설을 만들어 이들을 수용하는 경우가 많았는데, 그 과정에서 일부 폐단도 있었습니다. ○○복지원 혹은 ○○형제원 등의 이름을 내걸고 어려운 이들이 모여 함께 일하고 생활한다는 취지였는데, 때로 노동 착취와 인권 유린이 자행되었습니다. 아예 무상으로 노동을 착취하기 위해 이런 시설을 설립하는 사람도 있었습니다.

복지 정책은 크게 '원내 구제'와 '원외 구제'로 나뉘는데, 원내 구제는 과거 구빈원 같은 특정 시설에 입소시키는 것을 말하고 원외 구제는 각자 자신의 집에 머물게 하면서 지원하는 것을 말합니다. 요즘은 원내 구제보다는 원외 구제를 확대하는 편인데, 17세기 초 엘리자베스 여왕은 구빈원에 입소시키는 원내 구제에 치중했습니다. 한편 문화 정책으로서 연극을 후원했는데, 지금도 널리 알려진 영국 작가 셰익스피어가 바로 이 시기에 활동했습니다.

남녀 간의 사랑, 가문 간의 복수 등 세속적인 주제를 다루는 셰익스피어에게 대중들은 열광했는데, 엘리자베스 여왕은 이러한 연극을 후원했습니다. 당시 셰익스피어의 연극을 전담해서 상연

영국의 글로브 극장. 지금도 셰익스피어의 연극을 상연하는 전용 극장으로 활용되고 있다.

하기 위한 '글로브 극장'이 지어졌고 이는 지금도 남아 있습니다. 왕권이 강력해질수록 그에 따른 회유책으로 사람들에게 '빵과 서커스'가 지급되는 법입니다. 17세기 영국도 그러해서 구빈원과 셰익스피어의 연극이 그 역할을 했어요. 이처럼 복지에는 두 얼굴이 있습니다.

산업 혁명과 '새로운 복지'의 시대

1601년 구빈법이 중세에서 근세로 전환되던 시기에 등장한 것이라면 근대 산업 사회로 접어들던 1834년 영국에서 또 하나의 구빈법이 발표됩니다. 이 둘을 구분하기 위해 전자를 구(舊)구빈법, 후자를 신(新)구빈법이라고 합니다.

당시 영국에서는 산업 혁명이 일어나 큰 공장이 몰려 있는 신흥 공업 도시들이 생겨났습니다. 가난한 농촌 출신의 노동자들이 일자리를 찾아 도시로 몰려들었는데 이들의 생활 환경은 열악했습니다. 아무런 기반 시설이 없는 곳에 갑자기 인구가 늘면서 살 집조차 부족해서 7~8명이 단칸방에 거주하기 일쑤였습니다. 다락방이나 지하실을 개조하여 세를 주기도 했는데 환기와 채광이 제대로 되지 않았습니다. 화장실과 상하수도 시설이 마련되어 있지 않아 골목길에서 용변을 보았고 오물들은 그대로 땅에 스며들어 우물을 오염시켰습니다. 그 물을 마신 사람들은 콜레라, 장티푸스에 걸렸고 결핵도 유행하여, 영국 빈민의 평균 수명은 27~30세 정도였습니다.

열악한 환경, 높은 사망률, 이에 따른 사회적 불만, 이 모두를 그냥 두고 볼 수만은 없어서 시행된 정책들이 바로 근대적 복지의 시초입니다. 노동자들이 건강하게 오래 살아야 하고 또한 별다른 불만 없이 유순한 상태가 되어야 노동력을 안정적으로 확보할 수 있었기 때문이에요. 중세 봉건주의 사회에서는 농노들이 있어야 농사를 지을 수 있는 것처럼 산업 사회에서는 공장에서 일하는 노동자가 필요했습니다. 영국 정부는 이를 위해 주택법을 제정했습니다. 모든 세대는 동지(冬至)를 기준으로 하루에 4시간 이상 햇빛이 들도록 했고, 창문 없는 지하실을 셋방으로 주는 것을 금지하고 최소 8가구당 우물과 화장실을 설치하도록 하는 등의 기본 원칙들이 정해졌습니다.

아울러 어린이의 공장 노동을 금지했고 1906년에는 취학 어린이에 대한 무료 급식을 시행했습니다. 노동자가 은퇴 후에도 생활비를 받을 수 있는 노령 연금제, 일하다가 다쳤을 때 병원에서 무료로 치료받을 수 있는 산업 재해법, 실직했을 때 다시 직장을 구할 때까지 생활비를 받을 수 있는 실업 보험제 등을 실시했습니다. 연금, 의료, 실업 등의 사회 보험은 1900년대 초 직장에서 일하는 노동자를 대상으로 시행했다가 1930년대가 되면 자영인·농민에게까지 확대되었고 1940년대가 되면 전 국민을 대상으로 한 사회 보장 체제가 완성됩니다. 스웨덴, 독일을 비롯한 유럽 국가도 이를 따르기 시작하면서 복지 국가는 이제 전 지구적인 모델이 됩니다.

한편 미국에서는 좀 더 색다른 시도가 진행되고 있었습니다. 농산물과 공산품 사이에는 중요한 차이가 하나 있습니다. 농산물은 대개 그 인구가 소비할 수 있을 만큼의 양이 생산되지만, 공장에서 대량으로 찍어내는 공산품은 그렇지 않습니다. 공급이 남아돌기 때문에 상품을 소비해 줄 사람들이 필요해요. 이에 대한 해결책으로 19세기 유럽 열강들은 상품 시장으로서 해외 식민지를 개척했지만 20세기 미국의 포드 자동차 회사는 공장에서 일하는 노동자들에게 월등히 높은 임금을 지급하는 획기적인 실험을 했습니다.

본래 공장주들은 생산비를 아끼려고 임금을 되도록 적게 주고자 합니다. 하지만 포드 자동차는 다른 방식으로 원가를 절감해요. '모델 T'라고 하는 한 가지 종류의 자동차만 생산하면서 철저한 분업을 실시합니다. 제품은 조립 라인을 따라 이동했고 노동자는 나사 조이기, 판금, 페인트칠 같은 한 가지 일만 계속했습니다. 그러자 적은 비용으로 많은 자동차를 생산할 수 있게 되었습니다. 작업 효율성을 높여 생산비를 줄이고 대신 노동자에게 더 많은 임금을 지불한 것입니다. 포드 공장의 노동자들은 그 돈으로 포드 자동차를 구매할 수 있게 되었습니다. 예전에는 자동차가 매우 비싸서 부자가 아니면 살 수 없었습니다. 하지만 부자의 수는 한정되어 있고 자동차는 공장에서 매일 몇백 대씩 쏟아져 나옵니다. 높은 임금으로 부족한 수요를 새롭게 창출한 것입니다. 이런 고임금 전략은 이후 미국 사회에 널리 퍼졌고 "소비가 미덕"이라는 말도 그러한 배경에서 나왔습니다.

노동자에게 고임금을 지불하여 소비를 촉진시킴으로써 경제

포드 자동차 '모델 T'를 생산하는 공장 노동자의 모습(1913년).

를 활성화시키는 전략, 이것을 국가 단위로 확대하면 국민 모두에게 일정 금액을 지급하는 '기본 소득'이 됩니다. 코로나19 시기에 지급된 재난 지원금도 비슷한 맥락입니다. 그 돈은 결국 소비로 이어져 경제가 활성화되는 효과가 있습니다.

현재 시행되고 있는 복지 정책은 19~20세기 초 공장 노동자를 위한 복지 정책에서 시작한다고 볼 수 있습니다. 국민 대다수가 노동자로 일하는 사회에서 이들을 위한 사회 안전망이 갖추어져 있지 않으면 20세기 초 러시아에서 혁명이 일어난 것처럼 국가 체제의 전복이라는 더 큰 위험에 직면할 수 있었기 때문입니다.

'가난 증명서'와 낙인찍기의 문제

이제 우리나라는 절대 가난의 시기를 벗어나 복지 국가로 전환되고 있는데, 이때 복지라는 이름으로 인권이 침해되는 일이 생기고 있습니다. 과거에는 개인이 운영하는 복지 시설에서 이런 사건이 많이 생겼는데요. 요즘도 여전히 복지 분야에서 크고 작은 인권 침해가 일어납니다.

학교 급식을 예로 들어보겠습니다. 현재 초·중·고등학교에서 급식을 시행하고 있는데 만약 선별 지원이라면 소득 수준이 낮은 집 아이에게만 급식비를 면제하겠지요. 그러면 복지 대상자에게 "밥값도 내기 어려울 정도의 가난한 집 아이"라는 상처를 줄 수 있습니다. 그래서 우리나라는 이런 구분을 아예 없애고 소득 수준 상관없이 무상으로 급식을 하고 있습니다. 반면 대학 등록금을 지원하는 국가 장학금 제도, 임대 주택 건립 등의 복지 정책에서는 소득 수준이 지원 기준이 됩니다. 이런 혜택을 받으려면 자신이 얼마나 가난한지 증명해야 하는데, 그 과정에서 원하지 않는 방식으로 프라이버시가 침해될 수 있습니다. 구름 한 점 없이 맑게 갠 날에 그림자가 더 짙어지듯이 복지 국가의 햇빛 아래 오히려 인권 침해라는 그림자가 더 짙어지는 셈입니다.

또한 아무리 완벽한 복지 국가라 해도 빈부의 차이는 존재하는데, 그 차이가 지금과는 다른 양상으로 나타날 수 있습니다. 일반적으로 개발 도상국에서 빈부 격차는 '재화의 소비'로 드러났다면 복지 국가에서는 '서비스의 소비'로 드러납니다. 1960~70년대 우리나라의 부잣집들은 승용차를 타고 다니며 집에는 냉장고, TV, 세탁기 등의 가전제품을 갖추어 놓고 살았습니다. 서민층에서는 승용차나 가전제품을 마련하기가 어려웠습니다. 밥상에 올라오는 반찬에도 차이가 있어서 학교에 가면 도시락 반찬만 보고도 부자인지 아닌지 금방 알 수 있었습니다. 당시 빈부의 격차는 이러한 소비재를 통해 드러났습니다. 하지만 점차 소득 수준이 높아지면서 소비재의 차이는 더 이상 의미가 없어집니다. 큰 부자가 아니어도 외제 차를 타고 명품 가방을 구입하며 해외여행을 나가는 일이 가능해졌기 때문입니다. 대신 요즘은 재화가 아닌 서비스의 소비로 드러납니다. 다시 말해 국가에서 제공하는 공공 서비스를 이용하는지, 아니면 별도의 비용을 내고 유료 서비스를 이용하는지에 따라 빈부 격차가 드러납니다.

현재 초등학교부터 중·고등학교까지 공교육의 경우 돈이 없어 학교에 다니지 못하는 경우는 거의 없습니다. 그런데 학교 공부만으로는 부족한 게 현실이어서 방과 후에 따로 학원에 가는 친구들이 많습니다. 이때 부잣집 아이들은 수업료가 비싼 학원도 마음대로 다닐 수 있지만, 형편이 어려운 아이들은 그러지 못해

강남 대치동 학원 모습.

요. 학원을 마음대로 다닐 수 없어서 주로 학교 교육에만 의존합니다. 학교는 누구나 이용할 수 있는 공공 서비스이지만, 학원은 사교육이자 개인이 유료로 구매하여 이용하는 서비스라는 차이점이 있습니다.

사법 서비스도 마찬가지입니다. 재판을 받을 때 전문적인 법률 서비스를 제공할 변호사가 필요합니다. 이때 국가에서 국선 변호사를 선임해 주지만 돈이 많은 사람은 별도의 수임료를 지불하고 사설 변호사에게 의뢰합니다. 그런데 이 수임료도 차이가 커서 대형 법무 법인의 경우에는 무척 비쌉니다. 국선 변호사라는 공공 서비스에만 의존해야 하는 서민층과 대형 법무 법인이라는 유료 서비스를 구매할 수 있는 부유층의 재판 결과는 현실적으로 차이가 매우 큽니다. 바로 여기서 "유전무죄, 무전유죄"라는 말이 나왔습니다. 누구에게나 평등하고 공정해야 할 교육 서비스, 사법 서비스가 이미 불평등해진 것입니다.

치안 서비스도 마찬가지입니다. 고급 단독 주택들이 들어선 부유한 동네에 가 보면 대문마다 시시티브이(CCTV)와 함께 홈 시큐리티(home security) 업체가 경호하고 있다는 안내 표식이 보입니다. 경찰이라는 공공 서비스 외에 별도로 사설 경비업체의 서비스를 유료로 구매했다는 뜻입니다.

이처럼 절대 빈곤이 사라진 복지 국가에서 부유층과 서민층을 구분하는 지표는 값비싼 개인 유료 서비스 이용 유무입니다. 또한 복지 국가에서는 빈곤층에 가까워질수록 주거 안정 및 기초 생활 수급 서비스 등 더 많은 공공 서비스를 받게 됩니다. 얼핏 공공 서비스를 많이 받으면 좋을 것 같지만, 이 경우 대략 세 가지 문제가 발생합니다.

첫째, 유료로 구매하는 서비스는 취사선택이 가능하지만, 일괄 제공되는 공공 서비스는 그럴 수 없습니다. 선택의 여지가 없다는 뜻이에요. 둘째로, 갑자기 경기가 나빠지는 등 경제 사정이나 정부 정책에 따라 언제든 그 서비스가 중단될 수 있다는 점입니다. 일찍이 구빈법을 실시하며 유럽 복지 국가를 선도했던 영국이 그랬습니다. 1970년대 국내 경기가 몹시 나빠지면서 1976년 IMF에 구제 금융을 신청했습니다. 그 후 복지 정책이 크게 후퇴해요. 국가가 위기에 빠지면 국민들은 이를 극복해 줄 카리스마 있는 지도자를 원하게 되는데, 1979년 보수주의자 마거릿 대처가 수상에 오릅니다. 그는 신자유주의 노선을 표방하며 여러 공기업을 민영화하는 것과 동시에 공공 주택(임대 주택)을 매각하고 주거 지원금을 삭감했습니다. 이렇게 되자 저렴한 임대료로 공공 주택에 살던 사람들은 큰 피해를 입었습니다. 이처럼 국가 정책에 따라 공공 서비스는 언제든 중단되거나 축소될 수 있습니다.

셋째로 국가에서 제공하는 서비스를 받음으로써 빈곤층이라는 낙인이 찍히기도 합니다. 공공 임대 주택은 국가에서 제공하는 대표적인 주거 복지 서비스입니다. 그런데 대개 공간이 좁고 또 특정 지역에 국한되어 있습니다. 돈이 많은 사람이라면 '주택 매매'라는 유료 서비스를 통해 강남에 있는 대형 아파트든, 마당이 딸린 단독 주택이든 마음대로 선택할 수 있지만 임대 주택 주거 대상자는 그럴 여지가 없습니다. 무엇보다 임대 주택에 산다는 이유로 빈곤층으로 낙인찍히기도 합니다. 복지 국가의 빛과 그늘이라 하겠습니다.

부강한 국가일수록 많은 복지 정책을 실시하고 있습니다. 국가에서 무상으로 제공하는 것이니 무조건 좋은 것인 줄로 알지만 실상은 그렇지 않아요. 왜 '빵과 서커스'를 무상으로 제공하는가에 대한 근본적인 의문을 품어야 합니다. 또한 이것을 제공받는 과정에서 부당하게 인권이 침해당하지는 않는지도 함께 생각해 보아야 합니다.

05

아파트와 인권:
임대 주택의 그늘

오래된 동네를 걷다 보면 담벼락에 정성껏 그려진 벽화를 볼 수 있습니다. 금이 간 담벼락, 오래되어 검게 변한 축대에 이런 그림이 그려진 이유는 "이곳은 방치된 곳이 아니라 관리되고 있는 곳입니다. 주민들이 애착을 가지고 살고 있는 곳입니다"라는 메시지를 전하기 위해서입니다. 덕분에 어둡고 칙칙하던 동네가 밝고 환하게 변했지만, 이것이 과연 좋기만 한 것일까요?

나폴레옹 3세가 '사회 주택'을 지은 까닭

'환경 개선 작업'이라는 명목으로 들어선 벽화에는 "쇠락한 동네는 범죄가 발생하기 쉬우며, 환경 개선 작업을 통해 범죄를 예방할 수 있다"는 전제가 깔려 있습니다. 소소한 절도를 비롯하여 쓰레기 몰래 버리기, 낙서나 기물 파손, 주차된 자동차에 흠집 내기 등 일상에서 흔하게 일어나는 범죄는 대개 초범이나 불량 청소년들이 저지르는 경우가 많습니다. 처음에는 재미 삼아 몇 번 이런 행위를 했다가 점점 더 대범해져서 결국 더 큰 범죄를 저지르기 때문에 애초에 이를 방지하는 것이 중요합니다. 그 예방법 중 하나가 주변 환경을 잘 관리하는 것입니다.

'깨진 유리창의 법칙'이라는 것이 있습니다. 어느 동네의 골목길에 창문이 깨진 차 한 대가 주차되어 있었습니다. 처음 하루 이틀은 괜찮았는데, 사나흘이 지나고 나니 누군가 그곳에 쓰레기를 버렸습니다. 일주일 뒤에는 차량에 낙서가 되어 있더니 다른 유리창도 마저 깨졌고 한 달 후에는 노숙자가 그 차를 숙소처럼 사용하기 시작했습니다. 차량의 유리창이 깨져 있을 때 곧바로 수리하지 않으면 저 차는 누군가가 버리고 갔으며 관리가 되고 있지 않다는 생각에 점점 더 많은 훼손 행위가 일어납니다. 그러다가 노숙자나 가출 청소년의 아지트처럼 사용되고 그 주변 환경이 더욱 나빠진다는 것이 '깨진 유리창의 법칙'입니다.

이를 방지하기 위해 차량은 물론 주택이나 골목길 등도 주민들이 계속 관리하고 있다는 인상을 주는 것이 중요합니다. 이것이 바로 오래된 동네에 가로등을 설치하고 벽화를 그리는 등의 '환경 개선 작업'을 하는 이유입니다. 물론 취지는 좋지만, 쇠락

오래된 동네 축대에 그려진 해바라기 벽화 모습.

한 동네나 가난한 동네에서는 범죄가 발생하기 쉽다는 것을 전제로 하고 있다는 점에서 문제가 됩니다. 또한 담벼락에 벽화가 그려진 벽화 마을은 곧 가난한 동네이자 쇠락한 동네라는 이미지가 굳어집니다. 주말이면 놀러 와서 사진을 찍어가는 사람들 때문에 정작 주민들이 불편을 겪기도 합니다. 자신의 가난이 타인의 구경거리가 되는 것을 원하는 사람은 없어요. 분명 좋은 취지에서 시작한 일인데 막상 그곳에 사는 사람은 불편하기만 합니다. 복지 국가가 되어 갈수록 이런 일이 많아지는데, 그중 대표적인 것이 공공 임대 주택으로 대표되는 사회 주택입니다.

공공 임대 주택, 신혼부부 보금자리 주택, 청년 임대 주택 등 국가나 지자체에서 저렴한 가격으로 빌려주는 주택을 모두 통틀어 '공공 주택' 혹은 '사회 주택'이라고 합니다. 개인과 개인 간에 이루어지는 임대차 계약이 아닌, 국가나 지자체에서 시행하는 공공 주택 사업으로 기본적인 사회 안전망 구축을 위해 국가가 시행해야 하는 복지 사업 중 하나입니다.

세계적으로 사회 주택이 가장 발달한 나라 중 하나가 프랑스입니다. 전체 주택의 5분의 1 정도가 사회 주택이며, 전체 소득 기준으로 상위 30퍼센트를 제외한 나머지 70퍼센트의 사람이 사회 주택 입소 자격이 있어서, 프랑스에서 공공 주택은 곧 국민 주택이라 할 수 있습니다. 프랑스는 사회 주택을 짓기 위한 협회를 1849년 결성했고, 1851년 11월 최초의 사회 주택인 '나폴레옹 주거 단지'를 시작으로 잇달아 사회 주택을 짓습니다. 그런데 왜 주택 단지 이름이 나폴레옹이었을까요?

1850년대는 프랑스 정치가 매우 복잡하던 시기였습니다. 프랑스는 왕정을 끝내려고 1789년, 1848년 두 번에 걸쳐 혁명을 일으켰지만, 대통령으로 당선된 나폴레옹의 조카인 나폴레옹 3세가 스스로 황제가 되는 어처구니없는 일이 일어났습니다. 이에 프랑스 전역에서는 시위가 끊이지 않았고, 나폴레옹 3세는 이를 무력으로 진압하는 한편, 국민들을 회유하기 위해 몇 가지 복지 정책을 제시합니다. 1852년에는 빈민들에게 생활 지원을 해 주는 공공 부조 제도를 도입하고, 1855년에는 빈민들에게 무료 급식 등을 실시했습니다.

또한 노동자를 위한 주택도 짓기 시작했습니다. 주로 공장에서 일하는 직원들을 위한 주택이었습니다. 대개 침실 하나로 이루어진 작은 집이었고 화장실과 주방은 공동으로 이용했습니다. 이런 집들은 'HBM(Habitation de Bon Marché)'이라 불렸는데, 프랑스어로 '봉 마르셰(Bon Marché)'는 '저렴한 가격'이라는 뜻입니다. HBM은 이후 프랑스 사회 주택의 기초가 됩니다. 1894년 프랑스 최초의 사회 주택에 대한 법이라 할 수 있는 '시그프리드 법(Loi Siegfried)'이 제정되어, 기업에서 노동자를 위해 짓던 HBM을 법적으로 인정합니다.

영국이 산업 혁명 직후 신(新)구빈법을 실시한 1834년의 상황과 비슷한데, 영국과 프랑스, 프로이센(1871년 독일 제국 수립을 주도한 독일 북부의 왕국) 등에서 점차 산업이 발달하면서 노동자 계층이 급성장하던 때였습니다. 유럽의 권력자들은 노동자 계층이 언제든 단합해 폭동을 일으킬 수 있고, 또한 사회주의 혁명을 일으킬 위험이 있다고 보았습니다. 실제 영국에서는 공장 기계 파괴 운동인 러다이트 운동(1811~16), 노동자의 참정권 요구 운동인 차티스트 운동(1838~48)이 잇달아 일어났고, 사회주의 운동도 활발했습니다. 여차하면 체제를 전복하는 혁명도 일어날 수 있었기 때문에, 사회주의자를 탄압하면서 한편으로는 각종 복지 정책을 실시하는 당근과 채찍 전략을 구사한 것입니다. 이를 '보나파르티슴(Bonapartisme)'이라 하는데, 권위주의 체제 아래서 계급 투쟁을 방지하고 사회적 안정을 도모하기 위해 정치적 민주주의 대신 국가가 주도하는 경제 성장과 물질적 혜택에 치중하는 전략을 말합니다.

프랑스에 나폴레옹 3세가 있었다면 프로이센에는 비스마르크가 있었는데, 그는 사회주의를 엄격히 단속하는 한편 복지 정책을 실시합니다. 1851년에는 공휴일과 주말 작업 금지, 1852년에는 사회 보험의 시초라 할 수 있는 공공 부조 제도, 1855년에는 빈곤층을 대상으로 무료 급식을 실시했습니다. 이로써 프로이센은 큰 사회적 동요 없이 성장할 수 있었고, 1871년 독일 통일의 주축이 되었습니다.

반면 급속한 산업화를 이루고도 복지 정책을 제대로 시행하지 못한 나라가 제정 러시아였습니다. 러시아는 18세기까지 농노제 사회였다가 다른 유럽 국가들과 비교해 매우 빠른 시기에 공업화를 이루었지만, 지배 계층은 시대의 변화에 제대로 대처하지 못했습니다. 본래 철학자 카를 마르크스는 공업화를 이루어 많은 노동자 계층이 있는 나라에서 가장 먼저 사회주의 혁명이 일어날 것이라고 예측했지만, 실제 영국이나 프랑스, 독일에서는 사회주의 혁명이 일어나지 않았습니다. 영국에서는 일찍이 사회 보장법이라 할 수 있는 구빈법을 실시했고, 프랑스에서는 나폴레옹 3세가, 프로이센에서는 비스마르크가 복지 정책과 사회 주택을 지어 제공했기 때문입니다. 하지만 후발 주자이던 러시아는 사정이 달랐습니다. 노동자 계층은 급성장했지만, 사회 안전망은 제대로 구축하지 못한 탓에 낫과 망치를 든 민중들이 궁전까지 쳐들어가서 왕정을 붕괴시켰습니다. 이후 러시아는 혁명 후에 사회 복지 정책을 실시합니다. 사회주의 공동 주거라 할 수 있는 돔 코뮤나(Dom kommuna)가 지어졌는데, 노동자용 아파트이자 국가에서 제공하는 임대 주택입니다.

서울시의 '시민 아파트 2000호 건설 계획'

19세기 이런 유럽 주요국들의 동향은 아시아에도 전해졌습니다. 특히 19세기 후반부터 공업화를 이루었던 일본도 유럽 각국과 비슷한 문제를 겪기 시작했습니다. 노동자 계층이 성장하면서 노동 운동이 활발해졌고, 20세기 초반 러시아에 혁명이 일어나 왕정이 붕괴하자 일본은 위기감을 느끼게 됩니다. 19세기 제정 러시아와 일본은 뒤늦게까지 농업 경제에 머물러 있다가 급속한 공업화를 이루었다는 점에서 비슷했기 때문입니다. 그래서 사회주의를 탄압하는 동시에 복지 정책을 실시하는데, 공교롭게도 1923년 간토 대지진이 일어납니다.

　도쿄를 강타한 지진이어서 인명 피해는 물론 주택도 파괴되었고, 이를 복구하기 위해 1924년 동윤회(同潤會)를 설립합니다. 주택 건설을 목표로 하는 공기업으로, 왕실을 비롯한 각계의 의연금으로 설립되었습니다. 첫 사업으로 1930년까지 대략 2500여 호의 아파트를 지었습니다. 아파트는 1920년대 유럽에서 처음 등장한 주택 유형인데, 당시 일본은 이를 빠르게 받아들이며 공공 주택 사업을 실시했습니다. 이후 동윤회는 1941년 주택영단(住宅營團)으로 개편되었고, 같은 해 한국에도 조선주택영단이 설립되었습니다.

　1930~40년대는 한국에도 공업화가 시작되면서 도시에 노동자들이 증가하던 시절이어서 노동자에게 최소한의 주택을 공급할 필요성이 생겼습니다. 1941년 7월 1일에 설립한 조선주택영단은 첫 사업으로 경성에 2700여 호의 주택을 공급하기로 합니다. 주택은 갑형(20평형), 을형(15평형), 병형(10평형), 정형(8평형), 무형(6평형)으로 다섯 가지 유형이 있었는데, 이 중 넓은 평수이던 갑형과 을형은 단독 주택이자 분양 주택이었고 소형이던 병형, 정형, 무형은 임대 주택이었습니다. 2년이 지난 1943년 첫 사

업 성과가 나와서 1800여 호의 주택이 지어졌고, 분양과 임대가 절반씩 섞여 있었습니다. 하지만 더 이상 사업은 계속되지 못한 채 1945년 일본이 패망하면서 해방과 함께 조선주택영단은 대한주택공사가 되었습니다.

해방 후 곧 한국 전쟁이 발발했고, 주택을 비롯한 모든 것이 파괴되었습니다. 전쟁 통에 집을 잃은 사람들과 피란민들은 대개 국공유지이던 산비탈에 얼기설기 집을 지었습니다. 이를 무허가 판자촌이라 하는데, 미관도 좋지 않을뿐더러 주거 상황도 열악했습니다. 이에 대한 대책으로 무허가 판자촌 사람들에게 시민 아파트를 지어 공급했습니다. 장기 융자를 통해 저렴한 가격에 공급하는 서민 아파트였습니다.

특히 1960년대 말에는 불량 노후 주택을 없애고 아파트를 지어 공급한다는 '시민 아파트 2000호 건설 계획'을 세웁니다. 당시의 인구와 건축 기술, 경제 수준을 생각하면 사업 규모가 큰 편이었습니다. 면적은 10평 남짓의 소형이었고 계약금을 낸 뒤 나머지 금액은 15년에 걸쳐 장기 상환하는 방식이었습니다.

대략 1700호 정도가 완공되어 가던 어느 날이었습니다. 1970년 4월 8일 새벽 서울시 마포구에 있던 와우아파트가 갑자기 붕괴하여 33명이 사망하는 큰 사고가 발생합니다. 단기간에 사업 성과를 내기 위한 무리한 공기 단축, 재료비를 아끼기 위한 허술

한 기초 공사 등이 원인이었습니다. 인명 피해도 문제였지만 이 사고를 계기로 아파트에 대한 인식이 급격히 나빠지면서 더 이상 시민 아파트는 지어지지 않게 됩니다. 싼값에 날림 공사로 짓는 집이라는 이미지가 너무 강했기 때문입니다.

아울러 이듬해인 1971년에는 '8·10 성남(광주대단지) 민권 운동'이 있었습니다. 1950~60년대 서울 청계천 변에는 무허가 판잣집이 많았습니다. 이에 박정희 대통령은 청계천을 완전히 덮어 도로로 만들 것을 지시하면서 청계천 변에 살던 사람들을 경기도 광주군 중부면(현 성남시 수정구, 중원구)으로 집단 이주시킵니다. 시민 아파트를 제공한다고 약속했지만 막상 도착해 보니 허허벌판에 임시로 마련된 야전 텐트가 전부였습니다. 이에 사람들이 광주 군청으로 몰려가 집단 시위를 벌인 것이 '8·10 성남(광주대단지) 민권 운동'입니다. 이렇게 되자 정부는 큰 위기의식을 느낍니다. 서민이나 노동자 계층이 한 장소에 집단으로 거주하면 이해관계가 서로 비슷하여 단합이 쉽고 곧 집단행동을 일으킬 수 있다는 생각이 든 것입니다. 특히 공동 주거인 아파트에 산다면 더욱 단결이 쉽다고 생각했습니다.

1970년에 일어났던 와우 아파트 붕괴 사건이 '아파트는 곧 날림 공사'라는 인식을 일반 국민들에게 심어 주었다면, '8·10 성남(광주대단지) 민권 운동'은 대규모 서민 아파트는 위험하다는 인

마포구 와우 아파트 붕괴 참사 현장 모습.

식을 정부 관계자에게 심어 주었습니다. 이래저래 시민 아파트
에 대한 인식이 나빠지면서 이후 주택공사의 사업 기조가 변하
게 됩니다. 서민을 위한 시민 아파트 대신 중산층을 위한 고급 아
파트를 짓게 된 것입니다. 이것이 바로 우리나라 아파트 시장의
특이한 양상입니다. 본래 유럽에서 아파트는 저소득층 주거지이
자 공공 주택이라는 측면이 강합니다. 하지만 우리나라에서 아
파트는 분양 주택이 되면서 주거 시장을 주도했습니다. 중대형
아파트가 중산층 주거와 동일시되고 재산 증식의 중요한 수단이

되는데, 그 이유가 바로 여기에 있습니다.

1971년에는 한강맨션 아파트가 지어지는데 중산층을 겨냥한 660세대의 중대형 아파트였습니다. 이와 함께 우리나라 아파트 시장의 독특한 구조인 '선분양 제도'도 등장했습니다.

본래 주택공사는 공익을 목적으로 하는 공기업이어서 서민을 위한 주택 공급에 힘써야 하고, 15~20년 정도의 장기 분할 상환이라는 금융 정책도 함께 제공해야 합니다. 그런데 중산층을 위한 중대형 아파트를 공급한다는 것은 모순이었습니다. 이에 대한 타협안으로 등장한 것이 바로 '선분양'입니다. 중산층을 위한 아파트는 국가의 지원 없이 오로지 수요자가 지불하는 돈만으로 짓는다는 취지 아래, 모델 하우스라 불리는 견본 주택을 먼저 지어 보여 준 뒤 구매를 희망하는 사람을 대상으로 계약금과 중도금 등을 미리 받아 그 돈으로 아파트를 짓는 방식입니다. 이렇게 되자 본디 주택공사에서 실시했던 '소형 시민 아파트-15년 장기 분할 상환' 대신 "중대형 맨션 아파트-선분양제' 방식이 빠르게 자리 잡았습니다. 그리하여 1970~80년대 아파트는 곧 분양 주택이 되면서 대형화·고급화하기 시작했고, 아파트 구입이 가장 손쉬운 재산 형성 수단이 되었습니다.

본래 유럽에서 아파트는 공장 노동자를 위한 기숙사에서 출발하였고 지금도 국가에서 제공하는 공공 임대 주택의 성격이 강합니다. 하지만 한국에서는 반대로 중산층을 위한 분양 주택이 자 재산 증식 수단이 되는 기현상이 벌어지면서 주택공사 본연의 업무인 서민들의 주거 복지 정책도 뒷전이 되어 갔습니다. 국가나 지자체에서 주관하는 공공 임대 아파트가 1970~80년대 우리나라에서는 전무하다시피 했습니다. 잊혀진 줄 알았던 임대 아파트가 다시 등장한 것은 1980년대 말이었습니다.

1980년대 임대 아파트의 등장

1988년 취임한 노태우 대통령은 이듬해인 1989년 2월 주택 200만호 건설을 약속하며 그중 25만 호를 영구 임대 주택으로 짓겠다고 계획합니다. 당시 88서울올림픽을 개최했는데, 이에 앞서 1980년대 서울에서는 대대적인 불량 주택 철거 작업이 있었습니다. 이 과정에서 철거민들의 주거 대책이 제대로 마련되지 않아 1980년대는 이들의 시위와 항쟁도 많았습니다. 그러자 노태우 대통령은 주택 200만 호 건설과 함께 영구 임대 주택 공급을 약속한 것입니다. 월세나 전세처럼 민간 임대가 아닌, 국가가 주체인 임대 주택은 이때가 처음이었다고 할 수 있습니다. 입주자들은 매달 저렴한 임대료를 내며 영구적으로 살 수 있었습니다. 그리고 1990년대부터는 아파트를 지을 때 임대 아파트를 함께 짓도록 하면서 한 단지 안에 분양 아파트와 임대 아파트가 나란히 지어지곤 했습니다.

1990년대는 아파트 재개발이 대대적으로 일어나던 때였습니다. 오래된 주택들이 많은 지역에서 노후 주택을 전면 철거한 후 그 자리에 고층 아파트를 지어 올리는 방식입니다. 재개발 지구로 지정된 동네 주민들은 새 아파트를 분양받거나 이주 보상금을 받고 다른 곳으로 이사를 가거나, 둘 중 하나를 택하게 됩니다. 그런데 이 모두는 집주인에게만 해당되는 이야기이고, 세를 살고 있는 사람들을 위한 대책은 없었습니다. 따라서 세입자를 위한 대책으로 마련한 것이 당시의 임대 주택입니다.

임대 아파트를 지어 입주권을 주었는데, 여기에도 몇 가지 문제가 있었습니다. 임대 아파트는 12~18평 내외로 소형이어서 3~4인 가족이 살기에는 좁았습니다. 또한 한 단지 안에 임대 아파트와 분양 아파트가 함께 있다 보니 갈등도 생겼습니다. 건설 단계에서부터 차별이 드러나는 경우도 많았습니다. 같은 아파트 단지라고 해도 임대 아파트는 구석진 곳이나 방향이나 전망이 좋지 않은 곳에 배치되곤 합니다. 아파트는 판매를 목적으로 하는 상품 주택이어서 위치가 좋은 곳에 중대형 아파트를 집중배치하여 상품성을 높여야 하기 때문입니다. 수익성을 기대할 수 없는 임대 아파트는 가장 구석 자리로 밀려나게 됩니다.

또한 분양 아파트들은 두 세대가 엘리베이터를 사이에 두고 마주 보는 계단실형이 많지만, 임대 아파트는 복도식이 많아서 한눈에 보아도 금세 표가 납니다. 단지 내에서 가장 구석진 곳에 외따로 서 있는 복도식 아파트, 동일한 아파트 단지 내에서도 계층별 주거 분리는 이렇게 드러납니다. 그래서 요즘은 별도의 단지로 따로 짓기도합니다. 그러나 문제는 해결되지 않습니다.

예를 들어 어느 동네가 재개발 지구로 지정되어 전면 철거 후에 새 아파트 단지가 들어섰습니다. 건설사의 브랜드명에 따라 지어진 새 아파트의 이름은 '하이파크'였습니다. 그런데 조금 떨어진 곳에도 비슷한 형태의 아파트가 또 한 동 들어섰는데 이름은 '서울 하우징'이라 했습니다. 분명 같은 건설사에서 지은 아파트인데 분양 아파트에는 하이파크라는 브랜드명이 붙었고 임대 아파트에는 서울 하우징이라는 이름이 붙은 것입니다. 이렇게 되자 인근의 초등학교와 중·고등학교에서는 주소지만 보고도 그 아이가 분양 아파트에 사는지 임대 아파트에 사는지 알 수 있게 되었습니다. 임대 아파트 제공이라는 주거 복지를 시행하는 것은 분명 좋은 일이지만, 그 혜택을 받는 사람과 받지 않는 사람의 구분이 겉으로 드러난 것입니다. 이는 앞서 말한 쇠락한 마을 담벼락에 그려진 벽화가 주는 효과와 비슷할지도 모릅니다. 그렇다면 이러한 '구분 짓기'를 극복할 방안으로 무엇이 있을까요?

미국의 아파트 단지 폭파 사건

임대 주택에 산다는 것이 표시가 나지 않게 하는 가장 좋은 방법은 한군데 몰아넣지 않고 되도록 분산시키는 것입니다. 서로 다른 계층의 주거를 분리하지 않고 함께 섞어 계획하는 것을 '소셜믹스(social mix)'라고 합니다. '사회적 계층 혼합'이라는 뜻인데, 이를 제대로 실행하지 못하면 '낙인 효과'가 발생합니다. 만약 어느 지역에 임대 아파트 3000가구를 지어서 공급했다고 해 봅시다. 이 단지는 분양 아파트는 한 채도 없고 오로지 임대 아파트만으로 이루어져 있습니다. 이렇게 거대한 단지가 우뚝 서 있으면 누구라도 금세 알아차릴 수 있고, 단지 전체가 빈곤한 동네로 낙인찍혀 인식이 나빠집니다.

소셜믹스를 제대로 실시하지 않아 벌어진 최악의 참사는 미국의 프루이트 아이고(Pruit Igoe) 아파트 단지 폭파 사건이 있습니다. 이곳은 1954년 미국 세인트루이스에 지어진 대규모 임대 아파트였습니다. 본래 세인트루이스는 공업 도시였는데 1950년대부터 탈공업화에 따라 인구가 점차 감소하기 시작했습니다. 그러자 지자체에서는 지역을 살리기 위해 총 2870세대를 위한 아파트를 지으면서 저소득층을 위한 임대 아파트로 공급했습니다. 11층짜리 아파트로 33개 동을 지었으니 매우 큰 규모였고, 설계

미국의 프루이트 아이고 아파트 단지.

자체도 훌륭해서 완공 후에는 '미국 건축가 협회상'까지 받았습니다.

그런데 임대 아파트이다 보니 주로 저소득층의 흑인들이 많이 거주했습니다. 1950년대까지만 해도 미국은 인종 차별이 심할 때여서 백인들은 이곳에 입주를 꺼려 점점 빈집이 늘어났습니다. 대규모 아파트 단지는 군데군데 빈집이 있는 흑인 밀집 지역이 되었는데, 이것이 결국 낙인 효과를 낳았습니다. 아파트는 점점 훼손되어 갔고 엘리베이터는 고장으로 멈추어 서기 일쑤였으며 곳곳에 유리창이 깨지는 일이 일어났습니다. 그야말로 '깨진 유리창의 법칙'이 일어난 것입니다.

급기야 마약상이나 갱들이 빈집을 무단 점거하여 살기 시작하면서 살인이나 폭행 같은 강력 범죄가 끊이지 않았습니다. 아파트 단지 전체를 넘어 동네 자체가 우범 지대가 되어 버리자 불안하고 위험하여 살 수가 없었습니다. 마침내 지자체는 주민들을 이주시킨 후 1972년 33개 동의 아파트 전체를 폭파시켜 버립니다. 건축상까지 받았던 훌륭한 설계, 완공된 지 20년도 채 되지 않은 건물을 한 개 동도 아니고 33개 동 모두를 한꺼번에 폭파한 사례는 그것이 유일합니다. 임대 주택을 지나치게 대규모, 대단지로 짓는 것이 자칫 위험한 결과를 초래할 수 있다는 것을 보여 주는 사례입니다.

또한 임대 주택이 특정 지역에 지나치게 편중되는 일도 피해야 합니다. 현재 서울에는 지역별로 소득 수준의 편차가 있는데, 강북 지역이나 남서 지역에 서민들이 많습니다. 이들의 주거 복지를 해결해야 한다는 단순한 생각에 따라 이 지역에 임대 아파트를 집중적으로 짓는다면 어떻게 될까요? 부유한 강남 3구에는 임대 주택 비율이 매우 낮아질 것이고, 강북 변두리 지역에는 임대 주택 비율이 높아질 것입니다.

복지 국가에서 빈부의 격차는 소비재의 사용이 아닌, 서비스의 사용 여부로 구분된다고 했습니다. 중산층은 자비로 구매한 유료 서비스를 이용하는 반면, 저소득층은 국가나 지자체에서 제공하는 공공 서비스에 의존해 살아가는 이 현상이 주거에서도 드러나는 것입니다. 그리고 이것은 새로운 사회 갈등의 요인이 될 수 있습니다. 자가 아파트 거주라는 유료 서비스를 이용하는 계층, 임대 주택이라는 공공 서비스에 의존하는 계층으로 '갈라치기'가 일어나지 않으려면 소셜믹스가 반드시 이행되어야 합니다.

따라서 완벽한 소셜믹스를 위해서는 되도록 임대 단지의 규모가 작아야 합니다. 지금 우리나라는 한 단지 안에 임대 아파트와 분양 아파트를 함께 짓는 일이 많습니다. 다섯 개 동의 아파트를 지을 때 101동부터 104동까지는 분양 아파트, 나머지 105동은 임대 아파트로 지으면 금방 알아차릴 수 있습니다. 하지만 101동부터 105동까지 모든 동에 임대와 분양이 섞여 있다면 구별이 되지 않을 것입니다. 작은 규모로 분산되었기 때문에 훨씬 눈에 덜 띄는 것입니다. 물론 이것도 그 아파트에 사는 사람이라면 결국 알아차리게 됩니다. 예를 들어 101동은 33평형인데 그중 1~2호 라인만 15평이라면 어디가 임대인지 알 수 있겠지요. 따라서 가장 좋은 방법은 임대든 분양이든 모두 동일한 아파트로 계획하여 무작위로 섞는 것입니다. 그러나 이는 설계와 건설 단계에서 손이 많이 가는 일이어서, 이 방법을 적용한 사례는 거의 없습니다.

'소셜믹스'로 주거 복지 실현하기

서민들의 주거 복지 대책은 임대 아파트를 지어 대량으로 제공하는 물리적인 방법 외에, 제도적 지원이라는 방법도 있습니다. 낙인 효과를 없애기 위해서는 후자가 훨씬 더 효과적입니다. 국가에서 저소득층에게 일정 정도의 임대료를 지원해 주는 바우처 제도나 기존 주택을 공공 임대로 전환하는 방식입니다.

현재 분양 주택은 24평, 33평, 44평형이 많은 반면, 임대 주택은 12~18평 내외로 협소합니다. 이렇듯 면적이 서로 다른 아파트를 따로 짓지 말고 모든 주택을 24평, 33평, 44평으로 짓되 그 중 몇 개를 무작위로 선정해 지자체에서 사들인 뒤, 가족 규모에 맞게 임대하는 방식입니다. 현행 임대 아파트는 침실이 한두 개인 경우가 많아 4~5인 가족이 살기에는 불편한데, 이러면 해결됩니다. 또한 이 방법은 이미 지어진 아파트에도 적용할 수 있습니다.

현재 우리나라는 주택 연금 제도를 실시하고 있습니다. 재산이 아파트 한 채가 전부인 노부부가 주택 연금 제도에 가입하면, 계속 그 집에 살면서 매달 일정한 연금을 받을 수 있습니다. 나중에 부부가 모두 사망하고 나면 그 집은 국가의 소유가 되는데, 이때 그 집을 임대 주택으로 전환하면 됩니다. 이 방식에 따르면 드러내 놓고 말하지 않는 이상, 어디가 임대이고 분양인지 알 수가 없습니다. 이처럼 소셜믹스는 매우 구체적인 수준까지 가야 합니다.

아울러 주택 바우처 제도라 하여 임대료를 국가에서 일부 지원하는 방법도 있습니다. 만약 어떤 사람이 월세 100만 원에 산다고 할 때, 국가에서 80만 원을 지원하다가 이후 그가 취업을 하여 수입이 생기면 국가 지원금을 50만 원으로 줄이고, 나머지 50만 원은 스스로 내게 하는 방식입니다. 이러면 세입자는 물론 집주인도 이득입니다.

현재 우리나라 임대 아파트의 특징은 "임대료는 되도록 저렴하게, 면적은 되도록 작게"라는 두 가지 특징을 가지고 있습니다. 물론 이는 임대 주택을 단기간에 빠르게 공급할 수 있다는 장점이 있기도 하지만, 매우 거칠고 투박한 방식입니다. 이제 우리도 좀 더 성숙한 방법으로 가기 위해 "임대료는 형편에 맞게, 면적은 가족 수에 맞게" 방식으로 가야 합니다. 바로 이 방법을 쓰는 것이 프랑스의 공공 주택입니다. 1~2인 가구라면 한두 개의 침실이 있는 소형 아파트를 제공받고, 3~4인 가족이면 세 개 침실, 5인 이상의 대가족이면 네 개 침실이 있는 중대형 아파트를 제공받을 수 있어야 합니다.

임대료는 소득 수준에 따라 상, 중, 하로 나뉘어 냅니다. 예를 들어 전체 임대료가 월 100만 원이라고 할 때 나의 소득 수준이 '상'이면 이 중 30만 원을 국가에서 보조해 주고 나머지 70만 원을 냅니다. 만약 소득 수준이 '하'라면 국가에서 80만 원 정도를 보조해 주고 거주자는 관리비 수준인 20만 원 정도만 내는 것입니다. 실제 프랑스에서는 전체 소득 기준으로 상위 30퍼센트를 제외한 나머지 70퍼센트의 사람이 이런 방식으로 임대 주택에서 살고 있습니다. 이렇게 되면 임대 주택 거주자는 곧 빈곤 계층이라는 낙인 효과가 전혀 없을뿐더러 임대 주택은 명실공히 국민 주택이자 대중 주택이 됩니다.

프랑스가 이러한 임대료 바우처 제도를 실시하게 된 데는 역사적 배경이 있습니다. 1914년 1차 세계 대전이 발발하자 프랑스는 가장이 참전한 세입자 가족에게는 집주인이 임대료를 올려 받을 수 없게 하는 집세 동결 정책을 추진했습니다. 또한 전쟁이 끝난 후에도 가장이 전사했거나 상이군인이 된 경우라면 남은 가족들의 생계를 보장하기 위해 집세를 올려 받을 수 없게 했습니다. 이 정책은 무려 30년 동안이나 시행되어 1948년에야 비로소 폐지되었습니다. 그러자 30년 동안 동결되었던 집세를 한꺼번에 올려 받는 사태가 일어났고, 이에 대한 대응책으로 정부에서 어느 정도 임대료를 보조해 주는 이른바 '주거비 바우처 제도'가 시행되었습니다.

이제 우리나라도 복지 국가로 가고 있는 상황인데, 여기서 인권 문제가 불거지기 쉽습니다. 복지 혜택을 받기 위해서는 소득 수준을 증빙해야 하는데, 이것이 마치 "복지 혜택을 줄 테니 가난을 증명해 보아라." 하는 인상을 줄 수 있기 때문입니다. 아울러 주택 문제는 복잡하고 민감해서 임대 주택을 대량으로 지어 놓고 무조건 한 채씩 준다고 해결되는 것도 아닙니다. '임대 주택 거주자=복지 혜택을 받는 사람'이라는 사실이 드러나기 때문입니다. 복지 혜택을 받기는 하되 절대 그것이 겉으로 드러나지 않아야 합니다. 물질적 혜택 외에 인권까지 생각할 때 진정한 복지 국가가 될 수 있습니다.

1927년 독일의 바이센호프 주거 단지;
근대적 아파트가 등장하다

　1917년 1차 세계 대전이 끝난 후 유럽 각국은 극심한 주택 부족을 겪게 되고, 이를 해결하기 위해 주택을 저렴한 가격으로 대량 공급해야 할 필요성이 생겼습니다. 그러기 위해서는 이전까지 지어진 주택과는 다른 형태, 다른 방식의 주택을 지어야 했습니다. 19세기까지 주택은 장인(匠人)이 하나하나 손으로 다듬어 지었습니다. 주로 석재나 벽돌을 쌓아 만든 육중한 형태였고, 그 위에 우아하고 섬세한 석재 세공을 했습니다. 집 한 채를 짓기 위해서는 많은 시간과 돈, 숙련공이 필요했습니다. 하지만 1차 세계 대전 종결 직후 전혀 새로운 유형의 주택이 등장합니다. 석재나 벽돌 대신 철근과 콘크리트로 짓는 주택, 손이 많이 가는 장식 대신 간결한 형태의 주택이 등장하면서 근대 건축의 시대를 열게 됩니다. 그 효시를 알린 것이 1927년 독일 슈투트가르트에 지어진 '바이센호프 주거 단지'였습니다.

　17명의 근대 건축가들이 참여해 단독 주택과 공동 주택을 포함해서 모두 21채의 주택을 지었습니다. 그중 건축가 루트비히 미스 반 데어로에가 설계했던 공동 주택이 있습니다. 24세대가 거주하는 4층 규모의 연립 주택이었고, 면적은 소형이 48제곱미터(㎡), 대형이 80제곱미터여서 요즘의 18평, 33평 아파트와 비슷합니다. 아직 엘리베이터는 마련되지 않아 계단으로 올라가는 복도식 아파트였습니다. 우리나라에서도 1960~70년대까지 이러한 저층 아파트가 많이 지어졌습니다. 이처럼 근대적 의미의 아파트는 1920년대 유럽에서 시작되었습니다.

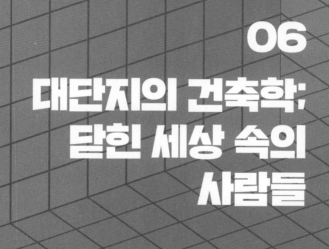

06

대단지의 건축학;
닫힌 세상 속의
사람들

어느 가상의 아파트에 대한 이야기입니다. 이번에 새로 지어진 아파트는 단지 내 시설이 아주 좋습니다. 정원과 산책로가 마련되고 곳곳에 벤치가 있으며, 어린이 놀이터는 놀이동산처럼 꾸며져 있습니다. 놀라운 것은 연못이었는데 인공 폭포가 마련되어 있고 조그만 배까지 띄울 수 있어서 마치 워터파크 같았습니다. 고무 튜브로 만든 배는 아이들에게 인기입니다. 어린아이들이 앞다투어 배에 올라타 플라스틱 노를 저으며 놀이를 합니다.

그날도 어린이들은 여느 때처럼 배를 타며 놀고 있었습니다. 갑자기 '보안 요원'이라고 쓰인 조끼를 입은 아저씨들이 다가오더니 아이들에게 아파트 거주증이 있냐고 물어요. 그러자 몇몇 아이들은 기다렸다는 듯이 손목에 찬 플라스틱 팔찌를 보여 주었는데 나머지 아이들은 그게 무엇인지 어리둥절합니다. 보안 요원들은 이 물놀이장은 아파트에 사는 아이들만 이용할 수 있는 시설이니 거주증이 없는 아이들은 다른 곳에 가서 놀라고 말합니다. 그리고 며칠 후 아파트 단지 입구에는 외부인의 출입을 금한다는 안내문과 함께 굳은 철문이 설치됩니다. 도어록의 비밀번호를 눌러야만 육중한 철문이 열리는 아파트 단지, 그곳의 이름은 '더 캐슬 프레스티지 클래스(The castle prestige class)', 즉 '특권층이 사는 성'이었습니다.

"모든 것을 단지 안에서 해결하라"

요즘 아파트는 대단지 형태로 지어지는 것이 많습니다. 더러 한 동이나 두 동짜리 아파트가 있지만 '나 홀로 아파트'로 불리면서 큰 인기가 없고, 다들 대단지를 선호합니다. 단지가 클수록 내부 시설이 잘 갖추어져 있기 때문인데, 산책로와 연못, 정원이 있어 단지 전체가 하나의 놀이동산이나 테마파크 같습니다. 또한 헬스장, 독서실, 커뮤니티센터 같은 편의 시설도 갖추어져 있으며 단지 내 상가도 제법 큽니다. 웬만한 것은 단지 안에서 모두 해결할 수 있을 정도입니다.

이러한 대단지 아파트의 이론적 배경은 1923년 미국의 도시학자 페리가 제안한 '근린주구 이론'입니다. '근린주구(近鄰住區)'란

'근린주구 이론'을 제안한 페리.

'neighborhood unit'을 번역한 말인데, 단위 마을 혹은 주택지의 계획 단위로 이해하면 쉽습니다. 페리는 도시를 계획할 때 이러한 근린주구를 하나의 기본 단위로 삼아야 한다고 했습니다. 구체적인 내용은 다음과 같아요.

우선 초등학교 하나를 운영할 수 있을 정도의 인구 규모를 가진 마을을 근린주구로 설정한 뒤, 구역을 대략 반경 2분의 1마일, 즉 800미터 이내로 만듭니다. 근린주구의 한가운데에는 유치원과 초등학교, 공원, 상점, 우체국과 주민센터, 교회 등 일상적으로 자주 가는 시설을 배치하고 그 주변에 주택을 배치합니다. 또한 근린주구 안에서는 주민의 차량 외에 다른 자동차가 통과하지 않도록 해야 하며, 이러한 근린주구 네 개가 만나는 교차

점에 버스 정류장이나 지하철역을 둡니다. 이런 식으로 도시 전체를 계획해야 한다는 이론이에요.

보통 초등학교 하나를 운영할 수 있는 인구 규모는 5000~7000 명으로 보고 있으며 이는 1000~2000가구에 해당합니다. 그리고 800미터는 어린이나 노약자가 걸어 다닐 수 있는 거리입니다. 따라서 이러한 근린주구가 만들어지면, 유치원이나 초등학교에 다니는 어린이는 외부로 나가지 않고 근린주구 내에서만 생활할 수 있습니다.

상점과 공원, 주민센터 등도 함께 있어서 노인과 거동이 불편한 이들도 웬만한 것은 그 안에서 모두 해결할 수 있습니다. 중학생 이상이 되면 근린주구 바로 앞에 마련된 버스 정류장이나 지하철역을 이용해 외부의 학교에 다니면 됩니다. 통근하는 직장인도 마찬가지입니다. 외부 차량이 들어오지 않기에 어린이와 노약자는 안전하게 다닐 수 있어요. 이것이 바로 근린주구 이론의 기본 원리입니다.

그런데 이를 제대로 이해하려면 페리가 계획안을 발표했던 1923년 당시 시대상을 이해해야 합니다. 1920년대는 1차 세계 대전이 끝나고 미국과 유럽에서 자동차가 급속히 보급되던 시절이었습니다. 누구나 쉽게 자동차를 몰게 되면서 교통사고도 증가했는데, 그중에서도 보행자가 차에 치어 다치거나 사망하는 일이 빈번했습니다. 누구라도 길에서 사고를 당할 수 있다는 사회적 공포가 확산된 것입니다. 지금도 자동차로 인한 사망 사고 가능성이 있긴 하지만 조금 무디어진 측면이 있습니다. 그러나 그때는 '새로운 재난'에 속했기에 이를 줄일 방법이 필요했어요.

특히 어린이나 노약자를 보호하고자 여러 노력을 기울였고 근린주구 이론도 그 가운데 하나였습니다. 이론적으로 근린주구 안에만 머물면 교통사고가 일어날 가능성은 거의 없어요. 밖에서는 차량으로 이동하기에 보행 사고를 예방할 수 있습니다. 이러한 근린주구 이론이 1950~60년대 고층 아파트와 결합해서 만들어진 것이 현대의 아파트 단지라 할 수 있습니다.

2차 세계 대전 후 1950년대부터 고층 아파트가 지어지기 시작했습니다. 페리의 근린주구 이론은 대규모 아파트 단지로 변형되어 곳곳에 지어졌습니다. 그리고 이것이 1970~80년대 우리나라에도 상륙했습니다.

우리나라에 처음 아파트가 지어진 것은 1950년대이지만, 이때만 해도 5층 정도의 저층에 한두 동 정도의 소규모였습니다. 1964년 마포 아파트 단지가 지어지면서 처음으로 '단지' 개념이 적용되었지만 오늘날과는 비교할 수 없을 만큼 소박했습니다. 단지 내 시설이라고는 어린이 놀이터와 슈퍼마켓 정도였습니다. 하지만 1970년대부터 잠실이나 반포, 여의도 등의 한강 변에 대규모 아파트 단지가 지어지면서 본격적인 '대단지 시대'가 열려요. 단지 내에 조경 시설과 테니스장, 상가는 물론 유치원, 어린이집과 초등학교가 들어섰는데, 근린주구 이론이 그 배경이 됩니다.

아파트 단지에서 교통사고를 예방하는 방법은 어렵지 않아서, 단지 내에 아예 자동차가 다니지 못하도록 하면 됩니다. 그래서 요즘 '차 없는 아파트'라고 하여 모든 차량은 지하로만 다니도록 한 아파트도 많습니다. 하지만 페리가 활동하던 1920년대만 해도 지하에 대규모 주차장을 만드는 것이 기술적으로 어려웠습니다. 그래서 외부 차량이 근린주구 내부를 통과하는 것만 금지할 뿐 주민들의 지상 주차는 허용할 수밖에 없었어요.

요즘은 단지 내 차량 통행 제한이 일반적인데 이로 인한 새로운 문제가 생겼습니다. 배달 차량을 통제하면서 갈등이 발생해요. 원칙대로라면 택배 차량도 지하 주차장에 차를 대고 물품을 배달해야 하겠지만, 차량의 높이가 높은 탑차는 들어갈 수가 없습니다. 그래서 멀리 단지 입구에 세워 놓고 손수레를 이용해 배달해야 하는데, 이게 시간이 오래 걸리고 불편해요. 그러자 택배 기사들이 물품을 아파트 단지 앞에 무더기로 쌓아 두고 각자 찾아가라고 통보해서 입주자들과 마찰이 있다는 뉴스가 들려옵니다.

영국 중산층, 전원주택의 꿈을 키우다

마포 아파트 단지를 시작으로 1970~80년대는 대단지 아파트가 많이 지어지더니, 1990년대부터는 서울과 떨어진 수도권에 신도시가 등장했습니다. 대도시 주변 신도시의 기원과 유래는 '전원도시(garden city)'입니다. 집은 쾌적하고 조용한 전원에 마련해 놓고 도심의 직장으로 출퇴근하는 것, 다시 말해 직장이 있는 도심(urban)과 집이 있는 교외(suburban)라는 개념이 등장한 것은 19세기 말 영국입니다. 그전에는 부유하고 세련된 도시와 그렇지 못한 시골로 양분되었을 뿐, '교외'라는 개념은 없었습니다.

영국에서는 산업 혁명 시기에 공장이 있는 도심으로 노동자들이 몰려들었고 인구 밀도가 높아지면서 환경 오염과 공해가 발생했습니다. 도심에 공장이 하나둘 생기고 나면 주변은 금세 빈민촌이 되다시피 했습니다. 이렇게 되자 도시에 살던 중산층들은 이들을 피해 조용한 시골로 이사를 가기도 했습니다.

이는 영국만의 독특한 문화적 관습에 기인하기도 합니다. 본래 영국 귀족은 지방에 마련된 방대한 영지에 살면서 직접 그곳을 관리하는 풍습이 있습니다. 프랑스는 반대로 주인은 파리에 살면서 1년에 한두 번 지방에 있는 영지를 방문하는 것이 원칙이었어요. 영국인들에게 영지 가운데 마련된 '컨트리 하우스

(country house)', 즉 영지 주택 혹은 장원 주택에 사는 것은 귀족의 특권이었습니다. 그래서 영국 귀족을 일컬어 '전원 귀족'이라고도 하는데, 바로 이러한 문화적 전통 때문입니다.

산업 혁명 이후 영국의 중산층도 이런 전통을 추구했습니다. 영지는 없더라도 전원 귀족과 같은 삶을 누리고 싶었어요. 빈민가로 바뀐 도심을 벗어나 교외에 전원주택을 마련해 이사를 갑니다. 그러면서 19세기 중후반 영국의 풍경은 바뀌었습니다. 중산층은 교외 지역 전원에 살고 공장에서 일하는 가난한 노동자들이 도심에서 살아요. 동시에 도심은 공해와 빈곤, 범죄의 온상이 되어 갔습니다.

이렇게 되자 노동자들도 쾌적한 전원에 마련된 주거 단지에 살게 하자는 운동이 일어났고 1898년 도시 계획가 에버니저 하워드가 '전원도시'를 제안합니다. 대도시 근교의 전원에 마련된 주거 단지로서 넓은 잔디밭을 배경으로 시골풍의 전원주택이 늘어서 있는 형태였습니다. 이러한 계획안을 바탕으로 레치워스 전원주택 단지(1904년), 햄스테드 전원주택 단지(1906년) 등이 실제로 지어지기도 했습니다.

전원도시가 본격적으로 지어진 곳은 1950년대 미국입니다. 당시 미국은 2차 세계 대전에 참전하고 돌아온 귀향 군인들이 크게 늘었는데, 이들에게 일자리와 집을 한 채씩 마련해 주는 것이 시

'전원도시'를 제안한 에버니저 하워드.

급한 문제로 떠올랐습니다. 그래서 1940년대 말부터 1950년대까지 미국에 대규모 전원주택 단지가 들어섰습니다. 본래는 감자밭이나 목화밭이던 곳을 부동산 개발업자들이 사들여 바둑판 모양으로 나눈 다음 전원주택을 지어 분양했습니다. 지금도 우리가 미국 영화에서 흔히 볼 수 있는 대규모 전원주택 단지가 바로 이것입니다.

전원에 마당을 끼고 지어진 2층짜리 집들이 끝도 없이 이어져요. 분명 단독 주택인데도 공장에서 찍어낸 듯이 똑같은 형태를 하고 있습니다. 주거 문제를 해결하기 위해 우리나라에서는 주로 아파트를 지었다면, 땅이 넓은 미국에서는 마당 딸린 단독 주택을 융단처럼 깔아 놓은 것이라 할 수 있습니다. 이렇게 벌판에 대규모 주택 단지를 만들어 놓았으니 도심까지의 출퇴근이 문제입니다. 이를 해결하기 위해 전원주택지와 도심을 연결하는 고속도로와 자동차 전용 도로를 건설했는데, 이는 일자리를 창출하는 효과가 있었습니다. 이뿐만 아니라 집집마다 자동차가 있어야 했고, 널찍한 집 안을 채울 만한 냉장고, TV, 에어컨, 청소기에 소파와 침대도 필요했습니다. 이 모든 것을 생산하기 위해 공장이 바쁘게 돌아가니 귀향 군인을 위한 일자리 문제도 저절로 해결되었습니다. 이것이 바로 '풍요의 시대'로 일컬어지는 1950~60년대 미국의 모습입니다.

한편 이렇게 대도시 주변에 2층짜리 단독 주택들이 끝도 없이 단조롭게 펼쳐지자 1960~70년대에는 '교외 스프롤(sprawl)' 문제가 대두되었습니다. 우리말로는 '무분별한 교외 확산' 정도로 해석할 수 있는데, 획일적인 경관이 끝도 없이 이어지면서 '우리 마을'이라는 개념이 없어지는 현상을 말합니다. 대단지 고층 아파트 위주의 신도시가 건설되는 우리나라에서는 조금 생소한 개념일 수 있습니다. 똑같은 모양의 단독 주택들이 끝도 없이 펼쳐지는데, 이것이 자동차로 한두 시간을 달려도 계속돼요. 과연 어디까지가 우리 동네인지도 헷갈리기 때문에 이를 방지하기 위해 교외 지역에서는 내외부의 경계를 확실히 하고 또한 마을 공동체 의식을 강화하는 활동을 합니다.

미국 도시의 교외에 지어진 주택들. 단조로운 풍경이 끝없이 펼쳐지고 마을의 경계가 모호하다.

그런데 이 활동이 너무 강조되면 '게이티드 커뮤니티(gated community)', 다시 말해 대문을 걸어 잠근 '빗장 공동체'가 될 위험이 있습니다. 요즘 대단지 아파트에서 문제가 되고 있는 외부인 출입 금지의 이유가 바로 여기에 있습니다. 미국 도시에서 볼 수 있는 무분별한 교외 확산을 방지하기 위해 제시했던 '빗장 공동체' 개념이 아파트 단지와 함께 우리나라에도 상륙하면서 문제가 된 것입니다. 내가 살고 있는 마을을 하나의 공동체로 인식

하는 것은 좋은데, 여기서 더 나아가 외부에 대해 빗장까지 걸어 잠그는 것은 분명 문제가 될 수 있습니다. 외부인이 우리 마을에 함부로 들어와서는 안 된다는 인식에 기반한 빗장 공동체 개념은 유럽 특유의 문화에서 기인합니다.

중세의 자치 도시에 기반한 빗장 공동체

에든버러, 하이델베르크, 로젠베르크 등의 도시 이름을 들어 보았을 것입니다. 여기서 '버러(burgh)' 혹은 '베르크(berg)'는 중세 시대의 성을 말합니다. 그러고 보니 우리나라도 안성(安城), 화성(華城) 등의 지명이 있습니다. 그런데 동양 문화권에서의 '성(城)'과 유럽에서의 '버러' 혹은 '베르크'는 조금 의미가 다릅니다. 유럽의 성주나 영주는 그 지역에서 자치권을 행사하고 또한 군사력도 자체적으로 보유했습니다. 중세 전설 속에 자주 등장하는 기사가 바로 봉건 영주가 자체적으로 보유한 직업 군인이라 하겠습니다. 유럽의 버러, 베르크는 군대까지도 소유할 만큼 독립된 하나의 행정 단위였고 성벽으로 둘러싸인 채 그 안에는 교회와 광장, 시장 등의 공동 시설이 있었습니다. 성문은 빗장으로 걸어 잠근 채 정해진 시간에만 여닫는 등 말 그대로 '빗장' 공동체였습니다.

또한 중세에는 봉건 영주의 속박에서 벗어난 '자유 도시'도 있었습니다. 이는 봉건제하에서 봉토에 예속된 곳이 아니라 상공업을 기반으로 발달한 도시였기 때문에 봉건 영주의 지배에서 벗어날 수 있었습니다. 아울러 봉건 영주의 기사들에게 대항할 수 있는 무장 단체인 자경단도 조직하고 있었으므로 자유 도시 또한 하나의 빗장 공동체였습니다.

중세 유럽은 로마 제국이 멸망한 후 오랫동안 중앙 권력이 부재한 상태로 살아왔는데, 이러한 중앙 권력의 공백 상태를 메운 것은 봉건 영주의 지배령, 자유 도시, 교회령 등의 분산 권력이었습니다. 따라서 마을 단위로 공동체를 형성하여 외부에 대해 배타적 태세를 취하는 것이 매우 중요한 일이었습니다. 유럽과 미국의 마을 계획, 도시 계획은 바로 이런 빗장 공동체에 기반하고 있습니다.

앞서 말한 페리의 근린주구 이론도 중세의 빗장 공동체를 20세기에 재해석한 것이라 볼 수 있습니다. 외부인은 함부로 우리 마을에 들어오면 안 된다, 마을을 성벽으로 둘러싼 후 정해진 출입구로만 출입해야 한다, 그래야 이 마을 안에서의 안전이 보장된다, 하는 개념은 800미터 반경의 근린주구를 설정하고 그 안에서는 외부 차량의 통행을 제한한다는 아이디어로 되살아났습니다. 근린주구 안에 초등학교와 상점이 있는 것이 중세 마을 안

에든버러. 영국 스코틀랜드 지역에 있는 도시로, 중세에 지어진 성곽이 아직도 남아 있다. 중세의 도시는 군사적 요새에 가깝다.

에 성당과 시장, 광장이 있는 것과 비슷합니다. 교외 스프롤을 우려했던 시각도 조금 이해가 됩니다. 성벽으로 둘러싸인 공동체 안에서 살아온 그들에게, 울타리 없이 융단처럼 펼쳐지는 주거지는 낯설었을 것입니다.

하지만 중앙 권력의 공백 상태가 없었던 한국과 중국에서는 이러한 빗장 공동체 혹은 자유 도시 개념이 없었습니다. 일찍이 확립되었던 강력한 중앙 권력은 국토의 말단까지 그 힘이 고루 미쳐서 어디라도 공백 상태는 없었습니다. 안성이든 화성이든 '성'은 중앙에서 관리하는 군사 시설이었지, 결코 봉건 영주가 다스리는 자치 구역이 아니었고 영주에게 고용된 기사도 없었습니다. 조선이 건국하자마자 제일 먼저 한 일이 사병(士兵) 혁파, 즉 개인이 사사로이 병사를 거느리는 것을 금지하는 거였으니까요. 당연히 자치 도시, 자경단 등도 생소하고 낯선 개념입니다. 그런데 20세기 아파트 단지의 도입과 함께 우리에게 생소한 빗장 공동체 개념도 함께 들어왔습니다.

거대한 빗장 공동체가 된 한국의 아파트

1950년대 우리나라에 아파트가 처음 지어질 때만 해도 단지 개념은 없었습니다. 층수도 높지 않아서 5층 높이의 아파트가 2~3동 지어졌으니 요즘의 시각으로 보면 연립 주택과 비슷합니다. 마포에 처음으로 지어진 아파트 단지는 6층으로 그다지 높지는 않았지만 '마포 아파트 단지'라는 이름과 함께 단지 내에는 어린이 놀이터와 슈퍼마켓이 마련되어 있었습니다. 이후 1970~80년대부터 잠실, 여의도, 반포 등지에 아파트 단지들이 들어섰습니다.

높이는 10~15층으로 높아졌지만 이때만 해도 ○○동 ××아파트처럼 동네 이름과 건설사 이름이 붙은 경우가 대부분이었습니다. 그런데 1990년대 말부터 새롭게 브랜드가 붙기 시작했습니다. 래미안, 롯데캐슬, 이편한세상, 아이파크 등 지금도 흔히 볼 수 있는 '브랜드 아파트'는 이때 등장한 것입니다. 시기적으로는 1997년 외환 위기를 겪으면서 아파트 분양 시장이 침체를 겪게 되자 이에 대한 자구책으로 브랜드를 내세운 고급화 전략으로 전환되었다고 볼 수 있습니다. 이렇게 되자 다른 아파트와의 차별화 전략으로 단지 내에 여러 시설이 들어서기 시작했습니다. 인공 폭포와 분수를 갖춘 수변 공간, 단지 전체를 감싸고 도는 인공 하천과 산책로, 주민을 위한 피트니스센터와 스크린 골프장, 독서실, 커뮤니티센터 등 지금까지 볼 수 없었던 새로운 시설들이 속속 들어섰습니다. 그러면서 조금 미묘한 문제도 생겼습니다.

아파트 단지 내에 마련된 산책로는 아파트 주민만을 위한 것일까요? 아니면 외부인도 이용할 수 있는 것일까요? 단지 내의 슈퍼마켓은 외부인도 이용할 수 있지만, 피트니스센터와 독서실은 주민만 이용할 수 있습니다. 그런데 이런 허용 범위와 경계가 조금 헷갈리고 무엇보다 이런 규약을 누가 정했는지도 의문입니다. 심지어 요즘에는 브랜드 외에 별도의 명칭이 따로 붙기도 합니다.

앞서 말한 가상의 아파트 단지인 '더 캐슬 프레스티지 클래스'도 마찬가지입니다. '더 캐슬'이라는 브랜드 네임 외에 '프레스티지 클래스'라는 별칭이 따로 붙어 '더 캐슬 프레스티지 클래스'라는 장황한 이름으로 불리는 그곳은 단지 전체를 청동 울타리로 둘러친 것이 중세 시대의 성을 연상케 합니다. 단지 입구에는 우아하게 장식된 출입문과 함께 경비 초소가 있어서 자체 보안 요원들이 밤낮으로 지킵니다. 잡상인이나 외부인의 출입을 통제하기 위해서라고 했습니다. 더구나 '차 없는 아파트'여서 모든 차량은 지하 주차장을 이용해야 합니다. 택배 차량도, 음식을 배달하기 위한 오토바이도 지상 출입이 금지되었습니다. 이 정도라면 중세의 성과 빗장 공동체는 물론 페리의 근린주구 이론까지 완벽하게 구현했다는 인상을 줍니다.

과거와 같이 아파트 단지가 비교적 소규모일 때는 이러한 것들이 크게 문제가 되지 않을 수도 있습니다. 하지만 2000~3000가구의 대단지가 되면서 거주 인원이 대략 1만 명을 넘어가면 조금씩 문제가 됩니다. 이렇게 큰 대단지 아파트가 주변을 완전히 성벽으로 둘러싼 채 성문을 굳게 걸어 잠그고 있으면 어떻게 될까요? 근처의 주택에 사는 사람들은 그 지역에 접근할 수 없습니다. 어린이 놀이터나 산책로를 이용하고 싶어도 아파트 입구마

아파트 단지 내에 마련된 어린이 놀이터. 단지 내 시설은 아파트 주민만 이용할 수 있을 뿐 외부인에게는 이용이 금지되어 있다.

다 보안업체 직원들이 지키고 있어요.

　보안업체 직원이 외부인을 통제하는 것은 과연 옳은 것일까요, 아니면 잘못된 것일까요? 아파트는 공동 주택이므로 아파트 단지도 일종의 주거 단지라 볼 수 있습니다. 내 집 안에 다른 사람이 들어오는 것은 주거 침입이듯, 단지 안에 외부인이 들어오는 것도 '침입'이라 보아야 하는 걸까요? 현관문을 열고 집 안으로 들어오는 것은 명백한 주거 침입이지만, 단지 내 산책로를 외부인이 이용한다고 해서 침입이라고 할 수는 없을 거 같습니다. 길은 통로, 말 그대로 안팎을 연결하는 것이니까요.

그런데도 외부인의 출입을 금지하는 이유는 중세 시대의 폐쇄적 사고, 즉 '외부인은 믿을 수 없고 위험한 존재이다, 어쩌면 잠재적 범죄자일 수 있다'라는 인식 때문입니다. 울타리 안의 사람들은 누가 누군지 대충 알고 있으니 서로 믿을 만하지만, 외부인은 그렇지 못하다는 생각 때문입니다. 하지만 우리는 누구나 내부인이면서 또한 외부인입니다. 다른 아파트 단지에 갔을 때 외부인이라는 이유로 잠재적 범죄자 취급을 받으며 출입이 통제된다면 기분이 어떻겠습니까?

현재 대단지 아파트나 고급 아파트에는 기존의 아파트 경비원 대신 사설 보안업체 직원들이 경비를 담당하는 경우가 많습니다. 건장한 체격의 남성들이 서넛 모여 있으면 때로 경찰보다 더 위압감을 주기도 합니다. 실제 이들은 경찰은 하지 못하는 일을 하기도 합니다. 길에서 폐지를 줍는 노인, 옷차림이 초라한 사람을 단지 입구에 선 보안업체 직원이 불러 세웁니다. 이곳은 고급 브랜드 아파트여서 그런 사람들이 주민일 리가 없다는 생각 때문이에요. 직원들은 이 아파트의 주민인지 아닌지, 무슨 일로 이곳에 왔는지를 확인하며, 주민이 아니라면 들어오지 말라는 이야기를 합니다.

이를 당연하게 생각하는 사람도 있겠지만, 실은 당연한 것이 아닙니다. 경찰은 순찰을 돌다가 폐지 줍는 노인이나 옷차림이 초라한 사람을 보고 이렇게 행동하지 않습니다. 주소지를 확인한 뒤 "이 동네의 주민이 아니면 얼씬거리지 마세요"라고 말할 수가 없습니다. 공권력은 법을 따라야 하며, 우리 헌법은 거주·이전의 자유를 보장합니다. 내가 사는 동네가 아니어도 다른 동네, 다른 도시에도 얼마든지 가 볼 수 있어요. 경찰이 그런 말을 했다면 '국민의 인권과 자유를 침해했다'는 이유로 징계를 받을 수 있습니다. 하지만 아파트 단지 내의 보안업체 직원들은 그런 말을 해도 처벌받지 않습니다. 대신 주민의 통행을 막는 그들의 행동이 법적으로 옳으냐는 다툼이 있을 수는 있겠지요.

이는 복지 국가에서 재화가 아닌 서비스의 소비로 빈부 차이가 드러난다는 사실을 재확인시켜 줍니다. 부유한 사람들이 승률이 높은 대형 법무 법인의 법률 서비스를 구입하듯, 대단지 사람들은 사설 보안업체의 치안 서비스를 구매한 것입니다. 아파트 주민이 공동으로 돈을 모아 구매한 서비스이니 그들의 이익에 부합하는 서비스를 요구할 수 있습니다. 그런데 아파트 단지가 대형화되면서 문제가 커집니다.

더 캐슬 프레스티지 클래스는 '캐슬'이라는 이름에 걸맞게 단지 내 시설이 정말 잘 갖추어진 대단지 아파트입니다. 단지 내에는 초등학교도 두 군데나 있고 상점가, 도서관, 주민 커뮤니티센터, 골프장에 수영장까지 있습니다. 정말 조그만 도시 하나가 만들어진 거 같습니다. 이곳의 경비 업무는 전문 보안업체에서 담당하고 있는데 곳곳에 CCTV를 설치해 놓고 24시간 쉴 새 없이 감시해요. 잡상인이나 노숙자는 물론 외부인의 출입도 통제되며, 전단지를 돌리거나 광고지를 붙이려면 아파트 자치회의 승인을 받아야 합니다. 낙서 하나, 불법 광고 하나 찾아볼 수 없이 쾌적하고 질서 정연한 곳이었는데, 최근 문제가 발생했습니다.

주민 중 한 명이 자신의 의견을 적은 전단지를 붙이려고 했는데, 그곳 자치회의 승인이 나지 않았습니다. 현 정부의 정책을 비판하는 내용이 담겨 있는 정치적인 게시물이라는 이유에서였습니다. 하지만 자신의 의견을 널리 알리고 싶었던 그는 승인을 받지 못한 전단지로 피켓을 만들고는 중앙 광장에서 시위를 했어요. 이에 몇몇 주민들이 관심을 갖고 모여들었는데, 보안 요원들이 이를 제지합니다. 단지 광장 내 소란 행위는 금지라는 이유였습니다.

만약 이 사람이 같은 행동을 광화문 앞 광장이나 국회 앞에서 했다면 제지당할 이유가 없습니다. 우리 국민은 누구나 자신의 의견을 자유롭게 말할 권리가 있어요. 또한 1인 시위는 사전 신고 없이 누구나 할 수 있습니다. 거리나 공공장소에서의 시위는 우리 법이 보장하는 시민의 권리여서, 경찰도 이를 막지 못합니다. 이 자유로운 권리가 사설 보안업체 요원에 의해 제지된 것입니다.

아파트가 보편적 주거 형태로 자리 잡은 지 오래고, 점차 대단지화하고 있는 상황에서 어쩌면 '거리'라는 공론의 장이 소멸될 수도 있습니다. 거리는 단순히 통행만을 위한 곳이 아니라 소통의 장소이기 때문이에요. 우연히 사람을 만나기도 하고 이야기를 나누며 여론을 형성하고 때로 민의를 전달하는 통로가 되기도 합니다. 일찍이 고대 그리스 시절부터 아고라 광장이 있었고, 우리나라도 민주화 항쟁이나 촛불 시위 등을 모두 거리에서 했습니다. 지금도 절박한 심정으로 거리에 나와 자신의 의견을 말합니다.

"광화문 네거리에 가서 물어보자"라는 말이 있습니다. 너무나 답답한 일이 있을 때 거리에 나와 아무나 붙잡고 한번 물어보자는 뜻입니다. 시시비비를 가리고 억울한 마음을 풀자는 이야기예요. 거리가 사라진다는 것은 이러한 공론과 저항 문화의 장이 사라진다는 뜻이기도 합니다. 우리 속담에 "법은 멀고 주먹은 가깝다"라고 했습니다. 그 주먹이 꼭 길거리 건달이나 조폭의 주먹이 아니라 부유층에서 유료로 구매한 보안업체 직원의 '정중한

광화문 네거리에 나온 사람들. 거리는 여론을 형성하고 소통하는 공론의 장이 되기도 한다. 어느 대기업 총수 가족의 갑질에 시달린 직원들이 익명 가면을 쓰고 거리에 나왔다.

주먹'일 수도 있다는 생각이 듭니다. 아이들이 다른 동네 놀이터에서 놀고 있을 때 경찰은 그 아이들의 사는 데를 일일이 물어보며 "여기는 이 동네 아이들만 이용할 수 있다"고 말할 수 없지만, 대단지 아파트의 보안업체 직원들은 그렇게 할 수 있으니까요.

참전 군인에게 주택을 제공한
유럽과 미국의 전통

참전 후 귀향한 군인에게 집과 일자리를 마련해 주는 것은 유럽과 미국의 오랜 전통으로 그 기원은 로마 제국 시절로 올라갑니다. 제국 시절의 로마는 방대한 속주(屬州)를 거느렸는데, 주로 군인이 관리했습니다. 그래서 로마 병사들은 전투뿐 아니라 측량, 도로 건설, 세금 징수 등 많은 일을 했습니다. 속주는 방대했고 해야 할 일은 많다 보니 군 복무 기간도 길어져 10~12년에 달했습니다. 로마의 남자들은 18세가 되면 군대에 가서 서른 살 정도가 되어야 제대할 수 있었습니다. 이렇게 장기간 군 복무를 한 이들을 베테랑이라고 불렀습니다. 국가는 보상을 해주기 위해 속주의 땅을 조금씩 분할해 이들에게 나누어 주었고, 이는 베테랑들이 로마 시민으로 평생을 살아갈 경제적 기반이 되어 주었습니다.

유럽과 미국에서 제대 군인을 '베테랑'이라 부르며 명예롭게 생각하는 풍습은 여기에서 기원합니다. 요즘은 베테랑이 어느 분야에 통달한 전문가라는 뜻으로도 사용되고 있습니다. 군 복무를 하고 돌아온 베테랑에게 토지를 나누어 주던 관습은 계속 남아서 후대에도 참전 군인과 그 가족에게 기본적인 주거 복지를 시행하고 있습니다. 앞서 말했듯이 프랑스에서 1918년 1차 세계 대전에 참전하고 돌아온 군인 가족 및 전사자 유가족이 세입자로 있는 경우, 집주인은 월세를 올려 받을 수 없다는 조례가 30년 동안 시행된 것도 이런 맥락에서 이해할 수 있습니다. 아울러 1950년대 미국에서 2차 세계 대전에 참전하고 온 귀향 군인들에게 주택을 제공했던 일도 그렇습니다. 지금도 미국 교외의 특징 중 하나인 대규모 전원주택 단지는 이러한 배경에서 만들어졌습니다.

07

주거 분리:
차별의 출발점

대구광역시 경북대학교 근처에 있는 어느 건물 이야기입니다. 이 건물은 1년이 넘도록 공사가 중단되어 있습니다. 이슬람교의 사원인 모스크를 짓기로 했는데 인근 주민들이 반대하고 있습니다. 건물이 완공되면 이슬람교도들이 모여들어 주변이 이슬람 마을로 변할지도 모른다는 우려 때문이었습니다. 주민들은 모스크의 건설을 중지해 달라고 법원에 가처분 신청까지 냈지만 기각되었습니다. 우리나라는 종교의 자유가 있으며 국내에도 이슬람교도들이 있습니다. 이슬람 사원은 주변에 위험이나 불편을 초래할 가능성이 없지만 주민들은 여전히 반대하고 있습니다.

여기에는 이슬람에 대한 편견이 있습니다. 그들 모두가 테러리스트가 아님에도 나와 다른 사람들에 대한 기피, 내가 이해할 수 없는 문화에 대한 거부감이 혐오로 나타난 것입니다. 그리고

서울시 이태원에 있는 이슬람 사원 모습.

이 혐오가 물리적으로 드러난 것이 세그리게이션(segregation),
바로 인종별 주거 분리입니다.

조선 시대 '문 밖 사람들'과 계층의 고착화

세그리게이션의 본래 뜻은 분리 혹은 차별입니다. 일반적으로
는 인종 분리나 인종 차별을 말하는데, 건축 분야에서는 주거 분
리로 해석합니다. 그런데 이 주거 분리에는 몇 가지가 있습니다.
부유한 사람과 가난한 사람이 나뉘어 사는 계층별 주거 분리, 직

업과 신분에 따라 나누어 사는 신분별 주거 분리, 혹은 인종에 따라 나뉘어 사는 인종별 주거 분리 등이 있습니다. 사실 주거 분리는 인류 역사를 통틀어 뿌리 깊은 관행이었습니다. 계급 사회가 출현한 이후로 계급을 가시적으로 드러내기 쉬운 수단 중 하나가 주택이었으니까요.

2500년 전의 그리스 철학자 플라톤은 "아무리 작은 도시라 해도 그것은 두 가지 장소, 즉 빈자들이 사는 곳과 부자들이 사는 곳으로 나뉜다"라고 했는데, 이는 계층별 주거 분리라고 하겠습니다. 한국과 중국 등의 유교 문화권도 마찬가지였습니다. 백성들은 사(선비, 관료), 농(농민), 공(물건을 만드는 장인), 상(상인)의 네 계급으로 나뉘어 있었는데, 계층별로 한데 섞여 살아서는 안 된다는 규정이 있었습니다. 나아가 사농공상의 체제 속에도 들지 못하는 천민들은 별도의 구역에 격리되다시피 했는데, 이것이 바로 신분별 주거 분리입니다. 그리고 같은 사(士)의 계급이라 해도 더욱 미묘한 차이가 있었습니다.

조선 시대 한양에서는 사대문과 성곽을 중심으로 '문 안 사람'과 '문 밖 사람'으로 나뉘었는데, '문 안 사람'이 좀 더 부유했습니다. '문 안 사람'들도 차이가 있어서 경복궁을 중심으로 북촌과 동촌, 서촌, 남촌으로 나뉘어 있었습니다. 그중 북촌이 가장 부유해서 내로라하는 사대부가(士大夫家)가 모여 살았고, 남산골 아래 자리 잡은 남촌은 가난한 선비나 몰락한 양반들이 주로 살았습니다. 이는 같은 사대부 계층 내에서 나뉜 차이이기 때문에 계층별 주거 분리라고 하겠습니다. 이처럼 주거 분리는 한 가지 요인으로만 나뉘는 게 아니고 신분별, 직업별 및 계층별 여러 층위로 나뉘곤 합니다.

신분 사회는 철폐되었지만 1970년대 서울의 과밀을 해소하기 위해 한강 이남이 개발되면서 1980년대부터 강남과 강북이 계층별로 구분되는 현상이 나타났습니다. 신흥 부촌인 강남과 개발이 지연된 강북의 차이는 지금도 계속 이어지고 있는데, 미묘한 계층별 주거 분리라고 하겠습니다. 현재 우리나라에서 일어나고 있는 주거 분리는 빈부의 차이에 따를 뿐 인종이나 직업, 신분 등의 다른 요인은 없지만 외국에서는 좀 더 복잡한 양상을 띱니다.

예를 들어 미국 도시에서는 백인 중산층이 사는 동네인지, 유색인들이 사는 동네인지가 한눈에도 표가 납니다. 우리나라에서는 서울의 강북 사람인지, 강남 사람인지 겉모습만으로는 판별이 불가능합니다. 강북에 살다가 강남으로 이사를 갔을 때 그가 강북 출신이라는 이유로 차별받지는 않습니다. 하지만 미국 도시에서는 그렇지 않습니다. 흑인들이 백인 중산층이 사는 동네에 가면 당장 차별의 시선을 받아요. 더욱 불행한 것은 가난한 동

강남이 개발되면서 1973년 입주가 시작된 반포 주공아파트. 강남에 건설된 최초의 대단지 아파트였다.

네에서 자란 아이는 어른이 되어도 결코 그 동네를 떠나지 못한 채 계속 빈곤한 삶을 산다는 것입니다.

지금 우리나라에도 빈촌과 부촌의 구분이 존재하고 또한 가난의 대물림이라는 계층 고착화 현상이 보이고 있습니다. 하지만 지역과 계층이 고착되는 현상, 즉 "가난한 동네에서 태어난 아이는 아무리 노력해도 그 동네를 벗어나기 힘들다. 그 사람이 가난한 이유는 가난한 동네에서 태어났기 때문이다"라는 공식은 성립하지 않습니다. 그런데 미국과 유럽 도시에서는 계층별 주거 분리를 통해 계층 고착화가 더욱 강화되는 현상이 큰 사회 문제입니다. 사회 구조가 서구 유럽과 닮아가는 우리 현실을 생각해보면 남의 나라 이야기만은 아닙니다. 그렇다면 계층별 주거 분리가 계층 고착화를 더욱 강화하는 이유는 무엇일까요? 이를 설명하는 이론으로 사회학자 피에르 부르디외의 이론, 데이비드 하비의 이론이 있습니다.

현대는 자본주의 사회인데, 피에르 부르디외는 이 자본을 경제 자본, 학력 자본, 문화 자본이라는 세 가지 범주로 나누었습니다. 경제 자본은 '돈'으로 부동산, 예금 잔고, 보유 주식 등을 말합니다. 학력 자본은 그가 어느 대학을 나왔으며 어떤 전문직 자격증을 가지고 있나 하는 것입니다. 문화 자본은 지연이나 학연에 따른 인맥을 비롯하여 고급 예술을 즐길 수 있는 취향이나 다양한 경험 등을 아울러 말합니다. 엄마 아빠가 미국 유학 시절에 만나 결혼한 덕에 미국에서 태어났고 그래서 영어를 원어민 수준으로 잘하는 것, 혹은 초등학교 시절 승마와 골프를 배우면서 부유한 친구들을 사귄 것 등이 모두 문화 자본에 해당한다고 볼 수 있습니다.

현대 사회에서 이 세 가지 자본은 서로 긴밀히 맞물려 있습니다. 우선 학력 자본은 곧바로 경제 자본으로 치환됩니다. 명문대를 졸업하여 대기업에 취직하거나 의사나 변호사 같은 전문직 자격증을 취득하면 남들보다 많은 봉급을 받으니까요. 세 가지 자본 중에서 학력 자본이 단기간에 취득하기 쉬우며 또한 노력한 만큼 취득할 수 있다는 점에서 그나마 가장 정직하고 투명한 자본에 해당합니다. 그렇게 취득한 학력 자본은 졸업 후 경제 자본으로 전환된 다음 궁극적으로 문화 자본으로 변환됩니다.

　의사가 되면 동료 의사가 많아지고 교수가 되면 동료 교수가 많아지는 등의 직접적 연관 외에 부촌의 고급 아파트에 살면 이웃집도 대개 고만고만한 중산층이기 때문에 문화 자본이 쌓입니다. 동네 교회나 골프 클럽에도 다들 비슷한 사람들끼리 모이기 때문입니다. 이러한 분위기 속에서 자라면서 특유의 문화적 취향을 가지게 된 아이들은 성인이 된 후에도 비슷한 계층의 사람을 만나 가정을 이루게 됩니다. 그렇게 태어난 아이들은 이미 남들보다 월등히 뛰어난 문화 자본을 가지고 있으므로 학력 자본도 남들보다 훨씬 쉽게 취득할 수 있습니다. 엄마가 대학교수인 덕에 고등학생 시절부터 해외 논문에 이름을 등재하고 이 '스펙'으로 명문대에 진학했다는 스토리가 대표적인 예입니다. 가장 정직하고 공정해야 할 학력 자본의 취득 과정이 이미 문화 자본에 의해 불공정해진 것입니다.

　경제 자본, 학력 자본, 문화 자본 중에서 계급을 재생산하는 데 일조하는 것이 문화 자본인데, 계층별 주거 분리 역시 문화 자본의 한 요소가 될 수 있습니다. 요즘 '수저 계급론'이 문제가 되고 있는데 그 아이가 태어난 동네가 어디냐에 따라서 이후 그 아이가 쥐게 될 '수저'의 색깔이 일찌감치 결정될 수도 있다는 이야기입니다. 전근대 사회는 신분제 사회였습니다. 현대 사회에서 신분은 없어졌지만, 빈부 격차에 따른 계층은 존재합니다. 그 계층을 결정짓는 요소 중 하나가 '사는 동네'일 수 있다는 점에서 주거 분리(세그리게이션)는 위험합니다.

한편 이 문제를 데이비드 하비는 '자본의 순환'이라는 개념으로 설명한 바 있습니다. 현대 사회에서 자본(경제 자본)은 투자라는 형태로 끊임없이 이동합니다. 어떤 사람이 돈을 은행에 예금으로 넣어 두었다고 했을 때 그 돈은 한곳에 머물지 않습니다. 은행은 다시 그 돈을 다른 개인이나 기업에 빌려줍니다. 돈을 빌린 개인이나 기업은 다시 이 돈을 물건을 사는 데 쓰거나 투자해요. 이처럼 자본은 끊임없이 순환하는데 데이비드 하비는 이를 1차, 2차, 3차의 자본 순환으로 나누어 생각했습니다.

1차 자본 순환은 제조업자나 기업이 상품을 만들기 위해 원자재를 구입하고 노동자를 고용하는 등의 직접 투자라고 할 수 있습니다. 2차 자본 순환은 도로와 아파트 단지를 건설하고 학교와 공원, 도서관 같은 문화 시설을 짓는 등 도심 기반 시설을 조성하는 것을 말합니다. 이는 노동력을 얻거나 소비를 촉진하기 위한 목적으로 행해집니다. 도로와 아파트 단지를 건설하면 인구가 늘면서 일할 사람도 많아지고 상품의 수요도 늘기 때문입니다. 3차 자본 순환은 과학과 기술에 투자하는 것을 말합니다. 제약, 의학, 우주 항공 등의 첨단 기술에 투자하면 경쟁력을 길러 고부가 가치 산업을 선점할 수 있습니다.

개발 도상국은 직접 투자인 1차 자본 순환에 주력하고 선진국일수록 간접 투자인 2차·3차 자본 순환을 중시하는 것을 알 수 있습니다. 그중에서 건축과 관련이 깊은 것이 도로, 교통, 환경 등 도심 기반 시설에 해당하는 2차 자본 순환입니다. 이는 개인이나 기업이 아닌 정부나 지자체에서 투자하는데, 이 과정에서 차별적 개발에 따른 불평등이 일어납니다. 대개 오래되고 낙후된 구도심을 재정비하는 것보다 신시가지를 건설하는 방향으로 가기 때문입니다. 후자가 비용이 더 적게 드니까요. 경우에 따라서는 20~30년 후에 재개발하려고 아예 손을 놓기도 합니다. 정부 입장에서 보면 장기 계획이지만 그곳에 사는 사람에게 20~30년은 무척 길고 힘든 시간입니다. 불평등한 투자 과정에서 빈촌과 부촌이 발생하고, 이에 따른 거주지 분화가 사회적 재생산에까지 영향을 줍니다.

한편 이러한 사회 기간 시설은 한번 건설하고 나면 오래가기 때문에 생산 구조가 바뀌면 방치되거나 폐기되기도 합니다. 이를테면 강원도에 석탄 생산으로 유명한 도시가 있었습니다. 도로를 비롯한 도심 기간 시설은 석탄 생산에 유용하도록 조성되었는데, 석탄 산업이 쇠퇴하면서 도시 전체가 침체에 빠졌습니다. 그렇다면 이 지역에서 태어나 자라는 아이들은 다른 대도시 지역의 아이들보다 환경적인 면에서 불리할 수밖에 없습니다.

개도국에서 선진국으로 이행해 가는 과정에서 일어나는 2차 자본 순환은 불균등 발전을 일으키고 결국 계층별 주거 분리를 심화시킵니다. 대도시의 부촌에서 자란 아이는 고소득 전문직 진출 비율이 높지만, 가난한 사람들이 많이 사는 동네에서 태어난 아이는 가난을 못 벗어날 확률이 높다는 이야기입니다. 미국이나 유럽의 경우 거주지 분화에 따른 계층 고착화 문제가 심각한데, 이제 우리나라에서도 그 조짐이 보이고 있습니다.

서울 강남에는 명문 고등학교가 많은 지역이 있습니다. 분명 고등학교는 평준화되었는데 왜 '명문고'가 있으며, 특정 지역에 집중되어 있는 걸까요? 그 기원이 일제 강점기로 거슬러 올라갑니다.

당시의 학교들은 한양의 사대문 안에 지어져 해방 후에도 계속 그 자리에 있었습니다. 그러다가 1970년대 강남을 개발하면서 사대문 안에 있던 중·고등학교들도 대거 강남으로 이동합니다. 도로, 주택 단지, 학교를 건설하는 이른바 자본의 2차 순환이 시작된 거예요. 도심 기간 시설을 정비할 때 오래된 구도심(사대문 안)에 자본을 투자하는 것보다 벌판에 신도심(강남)을 건설하는 것이 훨씬 비용이 절감되기 때문에 강남 개발에 집중했습니다. 이는 결과적으로 투자를 많이 받은 부촌(강남), 그러지 못해 낙후된 곳(강북)으로 양분되어 현재에 이르고 있습니다.

사대문 안의 명문고들이 강남으로 이전했던 1970~80년대에 전국의 모든 고등학교는 평준화가 되어 누구나 집에서 가장 가까운 학교로 배정받았지만, 예전 명문고의 명성은 그대로 남았습니다. 그곳에 배정받으려면 근방에 살아야 하니, 이른바 '강남 8학군'의 집값은 다른 곳보다 훨씬 비쌌습니다. 이를 감당할 수 있는 부유층들이 모여 살게 되면서 동네는 부촌이 되어 갔고, 당연히 8학군의 명문대 진학률은 전국 평균보다 높았습니다. 자본의 2차 순환으로 인해 불균등 발전이 발생하고 이것이 주거지 분화를 유발하여 계층 고착화를 촉진한다는 데이비드 하비의 이론이 입증된 것입니다. 외국의 경우는 여기에 인종이라는 변수가 추가되면서 인종에 따른 주거지 분리가 계층 고착화의 큰 요인으로 작용하고 있습니다.

'게토'라는 이름의 유대인 격리 지구

비교적 단일한 인종이 살았던 우리나라는 그렇지 않지만, 유럽에서는 인종 차별과 배제의 역사가 뿌리 깊습니다. 그중에 유명한 것이 유대인 차별로, 유대인은 별도의 구역에 따로 모여 살아야 한다는 규정까지 있었습니다. '게토(ghetto)'가 바로 유대인 집단 거주지를 말하는데, 기원은 15~16세기 이탈리아로 거슬러 올라갑니다.

이때는 중세의 암흑기가 끝나고 르네상스가 시작되던 시기이자 봉건제가 끝나고 중앙 집권적인 왕조 국가가 형성되던 시기이기도 했습니다. 가장 먼저 절대 왕정이 시작된 나라는 스페인으로 1492년 카스티야 왕국의 이사벨 여왕과 아라곤 왕국의 페르난도 왕이 결혼을 통해 두 왕국을 하나로 통합합니다. 이렇게 되자 지금까지 서로 다른 왕국으로 살아왔던 두 나라를 하나로 묶을 강력한 유대감이 필요해졌고 그것을 종교에서 찾았습니다. 본래 로마의 영향권 아래 있던 스페인은 가톨릭이 강세였지만, 이슬람교도와 유대인도 많았습니다. 따라서 스페인을 다시 순수한 가톨릭 국가로 만든다는 명분 아래 이슬람교도와 유대인을 대거 추방합니다.

분열을 막고 국론을 통일하기 위해 공공의 적을 설정한 뒤 철저히 타자화시키는 전략을 쓴 것입니다. 이에 유대인은 박해를 받고 쫓겨나면서 유럽 각지로 흩어졌는데, 그중 많은 수가 상업과 무역이 흥했던 이탈리아 도시로 몰려들었습니다. 유대인은 상업이나 대부업에 종사했는데 무역이 발달했던 이탈리아 도시에서 대부업자는 필수적인 존재였습니다. 본디 가톨릭에서는 돈을 빌려주고 높은 이자를 받는 것을 악덕으로 여겨 대부업자인 유대인을 멸시했지만, 때로 급전을 빌려야 할 때도 있으므로 그들을 완전히 배제할 수는 없었습니다. 싫지만 그래도 있어야 하는 존재, 이 딜레마 속에서 취할 수 있는 방법은 일정 구역 안에 그들을 '격리'시키는 거였습니다. 게토는 그렇게 탄생했습니다.

게토의 본래 뜻은 이탈리아어로 '주물 공장'입니다. 베네치아에 철물을 주조하여 대포를 만들던 주물 공장이 있었는데, 1500년경 공장이 외곽으로 이전하면서 공터가 되었습니다. 사면이 물길로 둘러싸여 있고, 도개교로 연결되는 지역이었습니다. 다리를 들어 올리면 곧 바로 봉쇄가 가능한 곳이어서 베네치아에 거주하는 유대인을 모여 살게 하기에 적당했습니다. 도개교는 아침이 되면 열렸다가 해가 지면 다시 폐쇄되었습니다. 낮 동안에 유대인은 게토를 벗어나 시내에서 일할 수 있었지만 해가 지면 다시 게토로 돌아와야 했으니, 이 정도라면 주거 분리를 넘어 그야말로 '격리'에 해당합니다. 이후 게토는 유대인 격리 구역이라는 뜻으로 바뀌어 유럽 전역에 널리 퍼졌습니다.

　독일 프랑크푸르트에서 유대인은 500가구 이상 모여서 살 수 없었으며, 이들조차 벽으로 둘러싸인 별도의 거주 구역인 '유덴가세(Judengasse)'에서 살아야 했습니다. 야간이나 일요일, 공휴일에는 이곳을 벗어날 수 없었으며, 평일에도 외부에 나갈 때는 유대인임을 드러내는 표식을 해야 했습니다.

　유대인 차별이 가장 심했던 사례는 1930~40년대 독일입니다. 1920~30년대 독일은 극심한 혼란기였습니다. 1차 세계 대전에서 패하고 막대한 전쟁 배상금으로 심각한 인플레를 겪어야 했는데, 혼란한 상황에서 극우파인 히틀러의 나치당이 선거를 통해 정권을 잡습니다. 이들은 혼란을 수습하기 위해 공동의 적을 설정해 철저히 타자화시키는 방법을 썼습니다. 정치적으로는 만연해 있던 유대인에 대한 반감을 부추기면서, 경제적으로는 부유한 유대인의 돈을 빼앗는 방법을 택했습니다.

　유대인은 중세 시절부터 상업과 대부업에 종사했던 경험을 살려 기업이나 은행을 경영하는 경우가 많았습니다. 나치는 유대인 소유의 업체를 헐값에 독일인에게 넘기게 하는 '유대인 업체의 아리안화' 정책을 실시했습니다. 또한 모든 유대인은 노란색 별 표식을 차고 있어야 했으며 급기야 수용소에 끌려가 줄무늬 옷을 입은 채 강제 노역을 해야 했습니다. 이후에 벌어진 홀로코스트

아우슈비츠 강제 수용소. 나치 독일이 유대인을 학살하기 위하여 만들었던 강제 수용소로 폴란드에 있다.

는 20세기에 벌어진 극단적인 인종 학살의 대명사가 되었습니다.

15세기 스페인과 20세기 독일의 예에서 알 수 있듯이, 혼란한 시기에 국론을 통일하기 위해 특정 집단을 혐오의 대상으로 부추기는 예는 흔합니다. 그런데 이탈리아의 게토에서 보듯이 "유대인은 싫지만 그들이 없으면 우리에게 돈을 빌려줄 사람이 없다. 그러니 싫어도 필요하다." 같은 이중적 태도를 보입니다. 국론 통일을 위한 소수자의 타자화, 수용과 배제의 이중성, 이 두 가지 요소는 유럽과 미국에서 두루 발견되는 인종별 주거 분리의 핵심 원인입니다. 오늘날엔 과거와 같은 유대인 혐오는 없어졌지만 유색 인종에 대한 차별과 거주지 분리는 여전합니다.

'언덕 위의 하얀 집' 신화의 유래

피부색에 따른 뿌리 깊은 인종적 편견은 유럽 제국주의 시절부터 시작되었습니다. 15세기 신흥 강국으로 성장한 스페인이 콜럼버스를 후원하여 아메리카 대륙을 발견하면서 제국주의의 역사가 시작됩니다. 당시 남아메리카 선주민과 유럽인들 간에는 문화적 차이가 있었고, '정복자'인 유럽은 이를 피부색에 따른 인종적 편견의 바탕으로 삼았습니다. 피부색이 밝을수록 우월한 인종이며, 피부색이 어두울수록 열등하다고 생각한 거예요. 물론 이는 과학적 근거가 없는 잘못된 편견에 불과합니다.

1500년경부터 시작된 유럽 제국주의는 초기에 해당하는 16~17세기와 후기에 해당하는 18~19세기로 나뉘는데, 서로 성격이 다릅니다. 초기에는 스페인이나 포르투갈이 남아메리카에 가서 천연 자원인 금과 은 등을 채굴하는 양상이었습니다. 광산

개발이 주목적이다 보니 가족은 본국에 남겨 둔 채 남자들만 오는 경우가 많았습니다. 이후 유럽 남자들과 현지인 여성 사이에서 혼혈인이 많이 태어났고 이들은 메스티소(mestizo), 물라토(mulato)처럼 하나의 인종 집단을 형성했습니다. 그래서 16~17세기에는 식민지였던 남아메리카에서 명확한 인종적 주거 분리는 발견되지 않았습니다.

하지만 18~19세기 영국과 프랑스가 주도하는 식민지 개척에서는 조금 다른 양상이 나타났습니다. 영국은 북아메리카, 호주 등에 농업 이민을 장려했는데 대개 가족 단위로 왔고, 여성과 아이들을 보호하기 위해 백인 거주 구역과 선주민 거주 구역을 분리했습니다. 분리의 이유는 대략 세 가지였습니다.

첫 번째 이유는 '위생' 때문입니다. 18~19세기 영국과 프랑스인이 인도, 베트남, 아프리카에 갔을 때 가장 먼저 그들을 위협한 것은 콜레라, 장티푸스, 말라리아와 같은 풍토병이었습니다. 요즘은 이런 질병의 원인을 정확히 알고 있지만, 당시만 해도 그렇지 못했습니다. 세균의 존재를 몰랐기에 열대 특유의 무덥고 습한 공기와 악취 때문에 병이 생긴다고 생각했습니다. '말라리아'의 어원이 프랑스어로 '나쁜 공기'를 뜻하는 '말 아리아(mai-aria)'이기도 해요. 그래서 백인 이주민들은 나쁜 공기와 나쁜 냄새를 피하기 위해 선주민 마을과 떨어진 별도의 구역에 따로 모여 살았습니다.

두 번째는 폭동 방지와 방어의 목적이었습니다. 식민지에서는 백인에 대한 선주민들의 반감이 컸습니다. 폭동 위험도 있고 백인 이주자들 가족에 대한 폭력에 대비해 별도의 구역에서 따로 살았습니다.

세 번째는 문화적 우월성의 표현이었습니다. 제국주의 침략자들은 온대 지역에 거주하는 백인이었고, 그 피해자는 열대·아열대에 거주하는 유색 인종들이었습니다. 당시 백인들은 우월한 인종이 열등한 인종을 지배하는 것이 정당하다고 생각했습니다. 따라서 '백인-우월-진보-정상 vs 유색인-열등-퇴보-비정상'이라는 이분법에 따라 백인과 유색인은 함께 어울려 살 수 없다고 보았어요. 이러한 세 가지 이유로 인해 18~19세기 식민 국가에서 인종별 주거 분리가 두드러졌고, 지금도 그 흔적이 남아 있습니다.

프랑스, 네덜란드가 베트남과 인도네시아를 식민 지배할 때 백인들의 주거지는 주로 언덕 위에 자리 잡았습니다. 낮은 평지 지역에는 이미 선주민들의 마을이 있었는데, 이런 곳은 백인들이 보기에 무덥고 습하며 악취가 풍기는 불결한 곳이었습니다. 그래서 통풍과 환기가 잘되는 언덕 위에 자리 잡았어요. 고지대에 있으면 유리한 점이 많았습니다. 선주민 마을이 한눈에 내려다 보이니 혹시라도 폭동이나 소요가 일어났을 때 재빨리 대비할 수 있었습니다. 식민지의 주거지가 저지대의 선주민 마을, 고지대의 백인 마을로 양분되면서 백인 마을을 '힐 스테이트(hill state)'라 불렀습니다. 이는 후에 '고급 주거지'의 대명사가 되었고 우리나라에서는 아파트 브랜드명으로 사용되기까지 합니다. 이들 주택은 열대의 뜨거운 햇빛을 피하기 위해 외벽을 흰색 페인트를 칠했습니다. 태양광을 반사시켜 온도를 낮추는 효과가 있었기 때문입니다. 또한 당시 흰색은 청결과 위생, 나아가 진보와 문명을 상징하는 색깔이었습니다.

19세기에 프랑스의 생물학자 파스퇴르, 독일의 생물학자 코흐가 세균의 존재를 밝혀내면서 유럽인은 질병이 세균 감염으로 발생한다는 것을 알게 되었습니다. 그 후 청결이 중요해졌고 더러워졌을 때 금방 표가 나는 흰색이 가장 선호되었습니다. 의사와 간호사의 복장을 비롯하여 침대 시트와 속옷, 식탁보, 손수건과 앞치마까지 흰색이 사용된 것이 이때부터였어요. 그런 이유로 열대 식민지에 지어진 집도 흰색 페인트를 칠했습니다. 오늘날 유럽풍의 낭만적인 집을 가리키는 '언덕 위의 하얀 집' 이미지는 이렇게 탄생했습니다.

열대의 날씨는 건기와 우기로 나누어져 있습니다. 우기에는 비가 많이 내렸는데, 빗물이 빨리 흘러내리도록 지붕의 경사를

급하게 만들었습니다. 그러면서 '서양식 뾰족지붕'을 낭만적이고 세련된 주택 양식으로 생각하기 시작했습니다. 이런 집에서는 말라리아나 각종 질병이 모기에 의해 감염된다고 알려지자 모기가 알을 낳는 물웅덩이를 없애기 위해 정원에 푸른 잔디를 빈틈없이 심었습니다. 이렇게 되면서 집 밖은 불결하고 위험한 야만의 장소로, 집 안은 청결하고 안전한 문명의 장소로 양분되었습니다.

집 밖에 나가지 않고 안에서도 즐겁게 지낼 수 있도록 테라스를 만들고 마당에는 넝쿨 아치인 퍼걸러(pergola)를 설치하여 등나무 그늘을 만들고 그네를 매었으며 벤치도 두었습니다. 이 모든 요소들을 종합하여 지어진 주택 양식을 '식민지 양식'이라는 의미로 '콜로니얼(colonial) 스타일'이라고 합니다. 주로 인도네시아, 베트남, 필리핀 같은 아시아 국가에 유럽인이 지은 집들을 말해요. 지금 우리가 머릿속에 떠올리는 유럽식 주택의 이미지인데, 엄밀히 말하면 유럽 본토가 아닌 18~19세기 아시아 식민지에 지었던 주택 양식입니다.

요약하자면 유럽의 제국주의는 초기(16~17세기)와 후기(18~19세기)로 나뉘는데 인종별 주거 분리가 나타나는 것은 영국과 프랑스가 주도한 후기 식민지 시절이었습니다. 그중에서도 특히 영국 식민지에 주거 분리가 명확히 드러납니다. 영국은 인도뿐 아니라 아프리카 지역도 식민 지배했는데, 그중 남아프리카공화국에서의 주거 분리는 악명이 높았습니다.

"흑인과 함께 살 수 없다!"-영국의 인종 분리 정책

아프리카 대륙의 최남단에 자리 잡은 남아프리카공화국은 본래 주민들이 수렵 채집을 하며 살던 곳이었습니다. 그런데 1652년 네덜란드의 동인도회사가 진출하더니 19세기에는 다이아몬드 광맥이 발견되면서 영국인이 몰려들었습니다. 영국인은 이미 진출해 있던 네덜란드인과 전쟁을 벌여 승리한 후 1910년 남아프리카연방을 수립했는데, 이것이 남아프리카공화국(이하 남아공)의 시작입니다. 당시 남아공에는 '통행법'에 따라 선주민은 통행증이 있어야만 이동이 가능했습니다.

본래 이 법은 영국 엘리자베스 여왕 시대에 시행된 것으로, 봉건제의 붕괴에 따라 농지를 잃은 농노들이 도시로 들어와 노숙자, 거지, 부랑아가 되어 배회하자 이들을 통제하기 위해 생겼습니다. 통행증이 없으면 다른 지역으로 갈 수 없어서 원래 자신이 속해 있던 지역으로 돌아가야 했습니다. 농노의 이탈을 방지하기 위해 만든 법이었는데, 이것이 300년의 시간을 뛰어넘어 20세기에 부활해 남아공에 적용되었습니다.

또한 1913~23년 사이에는 선주민에 대한 토지법과 도시 지역법을 연달아 통과시켜 아프리카 선주민과 백인 간의 주거 분리를 법적으로 명문화했습니다. 1949년에는 인종 간 결혼 금지법, 1950년에는 집단 지역법을 통과시켜 정부가 인종별 주거 분리를 강제할 수 있는 권한까지 가집니다. 합법적으로 인종에 따라 주거를 분리하는 곳은 20세기 남아프리카공화국이 유일했어요. 이런 극단적 차별 행태를 '분리'를 뜻하는 남아프리카 말인 '아파르트헤이트'라고 합니다.

아파르트헤이트는 1948년 남아프리카공화국에서 법률로 공식화되었습니다. 모든 국민은 백인, 흑인, 인도인, 유색인으로 나뉘었고, 인종별로 거주지를 분리했어요. 흑인들은 타운십(township)이라고 하는 별도의 거주지에서 따로 살아야 했습니다. 같은 건물에서 생활할 때도 출입구와 사용 구역이 분리되었습니다. 심지어 버스 정류장, 대합실, 화장실 등도 따로 썼어요.

이때 영국인이 내세운 명분은 '분리에 의한 발전'이었습니다. 인류는 인종적 차이가 있으므로 서로 분리되어 살아야 각자 더 발전할 수 있다고 말했지만 실제로는 흑인을 배제하고 차별하기 위한 전략이었습니다. 흑인들의 타운십 중에 가장 큰 곳은 요하네스버그 남서부에 위치한 소웨토(Soweto, south west township의 줄임말)였어요. 1976년 이곳에서 큰 항쟁이 일어나 1980년대부터 차별적 조항들이 조금씩 철폐되기 시작했습니다. 그리고 1994년 최초의 흑인 대통령인 넬슨 만델라가 당선되면서 20세기의 가장 악명 높은 주거 분리라 할 수 있는 아파르트헤이트 정책은 철폐되었습니다.

한편 남아프리카뿐 아니라 동아프리카도 인종 차별이 심각했습니다. 1954년까지 케냐의 수도 나이로비에서 아프리카인은 도시에 집을 구해 살아가는 것이 금지되었습니다. 도시 밖에 살면서 아침이면 도시에 들어와 허드렛일을 하다가 밤이 되면 다시 도시 밖으로 나가야 했는데, 15세기 이탈리아에서 유대인이 겪었던 일과 비슷했습니다. 잠비아의 수도 루사카에서도 인종과 계급에 따라 주거지가 명확히 구분되어 있어서 아프리카인은 도시에 거주할 수 없었습니다. 남아프리카공화국, 케냐, 잠비아 등은 모두 영국 식민지였다는 공통점이 있습니다. 일반적으로 프랑스보다 영국 식민지에서 주거 분리의 경향이 매우 강한데, 이러한 영국에게 아프리카 외에 또 하나의 거대한 식민지가 있었으니 바로 북아메리카였습니다.

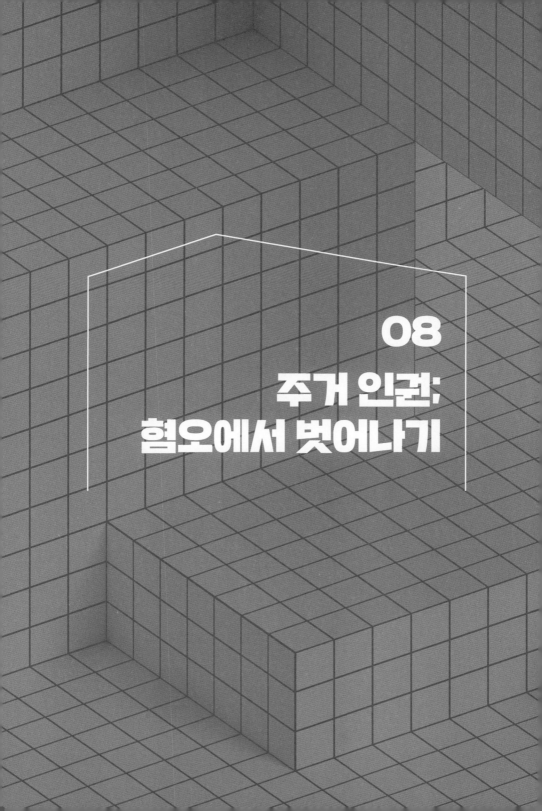

08

주거 인권:
혐오에서 벗어나기

미국에 가 보지 않은 사람이라도 베벌리힐스나 할렘이라는 지명은 들어보았을 것입니다. 아마도 각각 백인 중산층들이 사는 동네, 가난한 흑인들이 사는 동네라는 이미지가 곧 떠오를 거예요. 이는 인종-계층-지역이라는 세 가지 요소가 결부된 것으로, 인종과 계층 간 상관관계가 매우 높다는 것을 방증합니다. 이 외에도 인종별 주거 분리의 대명사가 된 미국의 대도시들이 많습니다. 그렇다면 그 시작은 무엇이었을까요?

'초콜릿 도심, 바닐라 교외'-미국 주거 갈등의 역사

미국 흑백 갈등의 시작은 17~18세기부터 시작됩니다. '신대륙 발견' 이후 북아메리카 북부 지역에는 영국, 독일, 네덜란드에서 주로 이주를 했고, 남부 지역은 프랑스인들이 이주를 했습니다. 이러한 흔적은 지명에도 남아 있는데, 남부의 '루이지애나'는 프랑스 국왕 루이 14세의 이름에서 따왔습니다. 루이지애나에서 가장 큰 도시인 뉴올리언스(New Orleans)는 본래 프랑스어인 누벨 오를레앙(Nouvelle Orleans)이라 불렸는데, 오를레앙은 잔 다르크의 고향으로 유명한 프랑스의 지역입니다. 한편 북부의 큰 도시였던 뉴욕은 본래 네덜란드인이 많이 산다고 하여 '뉴암스테르담'이라 불렸습니다. 그러다가 1664년 영국이 네덜란드를 물리치면서 '뉴요크셔'로 바뀌었고 마침내 '뉴욕'이 되었습니다. 이처럼 영국이든 프랑스든 신대륙을 개척하면서 자기네 나라의 지명을 갖다 붙였다는 것을 알 수 있습니다.

18~19세기 미국 남부에서는 대규모 농장에 기반한 플랜테이션 농업이 발달했는데 여기에는 노동력이 많이 필요했습니다. 그러자 백인들은 아프리카 흑인 노예를 데려다가 일을 시켰습니다. 반면 북부에서는 대서양에 면한 항구 도시를 중심으로 무역과 상업이 발달했기 때문에 남부처럼 흑인 노예가 거의 없었습니다. 그런데 19세기 후반부터 미국도 산업 혁명이 일어나 뉴욕에서 의류업과 인쇄업이 발달하고 오대호 주변의 도시에서 선박과 자동차 공장들이 생겨납니다. 이렇게 되자 공장에서 일할 노동자들이 필요해졌습니다. 이에 북부의 공업 도시들은 당시 남

부의 대농장에 묶여 있던 흑인 노예들에게 눈을 돌립니다. 값싼 노동력이 필요했고 결국 남부의 노예들을 해방시켜 북부로 유인할 수밖에 없었습니다. 이것이 바로 링컨 대통령이 노예제 폐지를 주장한 이유이자 남북 전쟁의 원인이었습니다.

이 전쟁에서 북부가 승리하여 노예가 해방되자 19세기 말 남부의 흑인들이 북부로 이동을 시작했습니다. 이때만 해도 그 수가 많지는 않아서 1900년대 북부 도시의 흑인 비율은 뉴욕이 2퍼센트, 시카고가 1.8퍼센트에 불과했습니다. 본격적인 이동은 1915~20년 사이에 이루어졌습니다. 이때는 노예 노동에 기반한 남부의 농장이 쇠퇴하던 시절이자, 1차 세계 대전 중에 시작된 군수 산업을 기반으로 미국에서 제조업이 급속히 발달하던 시기였습니다. 북부 도시들에 흑인이 대거 몰려들자 기존의 백인들은 당혹감을 넘어 위기감을 느꼈습니다. 도심에 점점 흑인 노동자들이 많아지자 기존의 백인 중산층들은 이들을 피해 도심을 벗어나 교외로 나가기도 했습니다.

교외 거주자는 도심으로 출퇴근을 하기 위해 통근 열차를 이용했는데, 그 교통비가 매우 비쌌습니다. 요즘으로 따지면 수도권에 살면서 매일 KTX를 타고 통근을 하는 것과 비슷해요. 이 돈을 감당할 수 있는 부유층만 교외에 살 수 있었습니다. 19세기 영국 도시는 가난한 노동자들이 사는 도심과 부유한 중산층이 사는 교외로 양분되었는데, 이런 현상이 자동차의 보급과 함께 1920~30년대 미국 도시에서도 발생합니다.

 "초콜릿 도심, 바닐라 교외"라는 말이 이때 나옵니다. 도심에는 가난한 흑인(초콜릿)들이 살고, 교외에 중산층 백인(바닐라)들이 산다는 의미인데, 인종에 따른 계층 구분과 주거지 분리가 시작되었다는 뜻입니다. 지금도 할리우드 영화를 보면 백인 중산층들은 교외에 마련된 단독 주택에 살고, 흑인들은 시내의 낡은 아파트에서 사는 것을 볼 수 있습니다. 흑인 거주 지역이란 우범 지역과 동의어여서 골목과 담벼락에는 지저분한 낙서가 그려져 있고 경찰차를 탄 경찰들이 동네를 계속 순찰하는 장면으로 묘사되곤 합니다.

 도시에 흑인들이 점점 많아지자 이들에 대한 차별 및 특정 주거지에서 흑인을 배제하는 일들이 발생하기 시작했습니다. 특히 1920~30년대 미국 북부 도시들에서 아프리카인들을 특정 지역에 고립시키기 위한 움직임이 일어났습니다. 주민들끼리 결성한 '근린 지역 개선 조합(Neighborhood Improvement Associations)'도 그중 하나예요. 이들은 흑인에게 집을 팔거나 임대하지 말자는 담합 운동을 벌입니다. 그러면서 백인들이 사는 동네에 흑인이 집을 사거나 세를 얻으면 몰려와 집단 폭력을 가하기도 했습니다.

기록에 의하면 1917년 미국 대법원은 인종에 따른 거주 구역 분리는 불법이라는 판결을 내린 바 있습니다. 그럼에도 일상적으로 차별은 여전했습니다. 영국령이었던 남아공처럼, 영국인이 주류 사회를 형성하고 있던 미국에서도 흑인 구역, 백인 구역이 따로 있었어요. 1880년대 미국 남부에서는 악명 높은 짐 크로 법(Jim Crow Law)이 있었습니다. 학교, 공원, 극장, 버스, 지하철 등 모든 영역에서 흑인과 백인의 분리를 명시한 법이었어요.

이 법이 건재하던 1955년 12월 1일, 미국 남부 앨라배마주 몽고메리의 어느 버스 안에서 흑인 여성 로자 파크스가 경찰에 체포되는 일이 발생했습니다. 당시 버스는 시 조례에 의해 백인은 앞쪽에, 흑인은 뒤쪽에 앉도록 정해져 있었습니다. 그런데 로자 파크스가 이 법을 위반하고 백인석에 앉았다는 이유로 체포된 것입니다. 이에 흑인들의 거센 항의가 이어졌고 흑인 목사 마틴 루서 킹이 주도하는 버스 승차 거부 운동이 1년 넘게 이어졌습니다. 몽고메리에 거주하는 5만 명의 흑인들이 걷거나 자전거를 타고 통근하는 진풍경이 벌어지기를 380여 일, 결국 1956년 버스 좌석 분리는 위헌이라는 결정이 났습니다. 짐 크로 법이 사실상 폐지되던 순간이었습니다.

이 일을 계기로 1964년 인종에 따른 분리를 철폐하는 인권법이 통과되었고, 1968년에는 미국의 모든 도시에서 인종에 따른

로자 파크스의 저항 후 버스 타기를 거부하고 도보로 출근하는 군중들.

주거 분리를 금지하는 '공정 주택 거래법(fair-housing law)'이 통과되었습니다. 하지만 바로 그해 목사이자 흑인 인권 운동가였던 마틴 루서 킹이 백인 우월주의자가 쏜 총에 맞아 사망합니다. 많은 이들의 노력으로 미국은 이제 그 어떤 장소에서도 흑인을 배제하거나 차별할 수 없습니다. 그렇다면 왜 60년이 지난 지금까지도 할렘과 베벌리힐스가 존재하는 걸까요?

화이트 플라이트-백인들의 '따로 모여 살기'

베벌리힐스와 할렘은 어느 사회에나 존재하는 계층별 주거 분리가 인종과 결합된 사례입니다. 문제는 계층보다 인종에 의한 분리가 훨씬 더 가시적이고 고착적이라는 데에 있습니다. 예를 들어 생각해 봅시다. 우리나라의 어느 가난한 동네에서 한 아이가 태어납니다. 이 아이는 열심히 공부해서 의대에 갑니다. 의사가 된 그는 결혼을 해서 부자 동네에 자리를 잡고 그곳에서 아이를 낳아 기릅니다. 이제 부자 동네에서 태어난 의사의 아이는 어려서부터 영어 유치원에 다니며 또래 친구들을 사귀고 공부도 열심히 합니다. 그 결과 아버지처럼 명문대에 입학하게 됩니다.

우리나라에서는 크게 이상할 것이 없는 이야기지만, 인종 문제가 심각한 미국 사회라면 불가능한 이야기입니다. 미국 대도시의 어느 흑인 마을에서 한 아이가 태어납니다. 이 아이는 어려서부터 열심히 공부하여 의대에 진학해요. 의사가 된 그는 더 이상 가난한 흑인 마을에 살고 싶지 않아 부유한 백인 중산층 동네로 이사를 했습니다. 백인 동네에서 자신의 병원을 개업하고 아이를 낳아 길러요. 의사는 자신의 아이가 백인들이 다니는 초등학교에서 또래 친구들을 사귀면서 열심히 공부해 주류 사회에 진입할 거로 기대합니다.

그런데 곧 이상한 일이 벌어져요. 처음 이사를 올 때는 분명 백인 중산층 마을이었는데 5~6년 사이에 흑인들이 많이 사는 동네로 변해 버린 것입니다. 깨끗이 정돈되어 있던 동네는 쓰레기와 길거리 낙서가 점점 많아지더니 문 앞에 세워둔 차량이 파손

되거나 슈퍼마켓에 강도가 드는 일도 자주 일어났습니다. 경찰의 순찰이 강화되면서 마을은 그가 예전에 떠나왔던 가난한 흑인 마을과 비슷해져요. 개인이 어렵게 계층 상승을 이루어 중산층 동네로 이주했지만, 그 동네 자체가 쇠락해져 가는 걸 막을 수는 없었던 거예요. 이런 현상이 미국 사회에서 흔히 벌어지고 있습니다. 그 이유는 무엇일까요?

백인 중산층이 모여 사는 어느 동네에 성공한 흑인 한두 명 이주했을 때는 그러려니 하고 넘어갑니다. 그런데 점점 흑인 이주자가 늘면 기존의 백인 주민들은 뭔가 동네가 예전 같지 않다는 생각을 하기 시작하고, 그중에 몇 명은 급히 집을 팔고 이사를 나갑니다. 급히 내놓느라 값을 내렸기 때문에 평소 이 동네로 이사 오고 싶었던 흑인들이 그 집을 사서 들어옵니다. 이런 현상은 점점 속도가 붙어요.

흑인 거주자가 늘면서 백인 중산층이 빠져나가는 속도도 빨라지고 동네 집값은 더 내려가요. 이제 가난한 흑인들도 들어오게 되고, 백인들은 이사를 나갈 여력이 없는 세대만 남게 됩니다. 이것이 바로 백인 중산층 동네가 흑인들의 빈촌으로 바뀌게 되는 과정입니다. 한국에서는 일어나지 않는 일입니다. 자수성가한 몇 사람이 부자 동네로 이주했다고 해서 그 동네가 다시 가난한 동네로 변하지는 않습니다. 이것이 바로 미국과 한국의 차이이며, 여기에는 바로 인종 문제가 도사리고 있습니다.

인종 차이가 없는 한국에서는 빈촌에 살던 사람이 부촌에 들어와도 티가 안 나요. 그 사람이 예전에 부자였는지 가난했는지 겉모습만 보고는 알 수가 없습니다. 설령 알았다 해도 문제될 것이 없어요. 하지만 여기에 인종이라는 편견이 붙으면 달라집니다. '흑인=가난한 사람', '백인=부자'라는 인식 때문이에요. 흑인이 백인 중산층 동네에 이사를 오고 설령 그가 고소득자라 해도 백인들은 달가워하지 않습니다. 기존의 백인들이 이탈하는 현상이 발생해요. 통계에 따르면 한 동네의 흑인 인구가 대략 8~10퍼센트에 이르면 기존 백인들이 이사를 나가기 시작합니다. 이러한 현상을 '화이트 플라이트(white flight)'라고 하는데 우리말로는 '백인 이탈'로 번역할 수 있습니다. 그러면서 점차 집값이 내려가고 부촌이 빈촌으로 바뀌는 것입니다.

우리나라는 부자 동네와 가난한 동네가 딱 붙어 있지 않아요. 하지만 미국의 대도시는 도로 하나를 사이에 두고 백인들의 부촌과 흑인들의 빈촌이 마주 보고 있습니다. 환경이나 도심 기반시설도 모두 비슷한데 거주하는 사람만 달라요. 마치 바둑판 위에 놓인 흑과 백의 바둑알처럼 그 구분이 선명합니다.

그 이유는 바로 '화이트 플라이트' 때문입니다. 화이트 플라이트가 개인적인 차원에서 이루어지는 소극적 기피 현상이라면,

기관이나 기업 차원에서 벌어지는 좀 더 적극적인 차별 관행이 있습니다. 그중 하나가 '레드 라이닝(Red-lining)' 입니다. '붉은 줄 긋기'로 번역할 수 있는 이 현상은 인종에 따른 차별적 대출 규제를 말합니다.

레드 라이닝-"흑인에게는 집 살 돈을 빌려주지 말라"

1920년대 미국에서 인종별 주거 분리가 법적으로 금지되자 1930년대부터 조금 색다른 방식의 차별이 생겨났습니다. 당시 주택 담보 대출을 담당하는 은행이나 공공 기관에서 지도를 펼쳐 놓고 색연필로 지역을 나누어 표시했습니다. 초록색은 가장 부유한 동네, 파란색은 중산층 동네, 노란색은 쇠퇴하기 시작한 동네, 빨간색은 이미 쇠퇴한 동네입니다. 구역별로 부촌에서 빈촌까지 4등급으로 색깔 구분을 한 다음 흑인이나 유색 인종이 초록색이나 파란색 동네에 집을 사려고 할 때 대출을 해주지 않았습니다. 결국 흑인들은 빨간색 구역에 집을 살 수밖에 없었습니다. 물론 은행에서 이런 방식을 채택한 이유는 영리적 목적 때문이었습니다.

초록색 구역의 집들은 집값이 비싸서 고액의 대출을 해주어야 하는데, 그렇게 큰돈을 빌릴 수 있는 사람은 신용이 좋은 고

소득자이고 대부분 백인입니다. 은행 입장에서는 변변한 직업도 없는 사람들에게 큰돈을 선뜻 빌려주기 어렵습니다. 그러다가는 돈을 떼일 테니까요. 그렇다면 이러한 차별의 결과는 어떻게 나타났을까요? 결국 이것이 빈곤한 흑인들이 빨간색 구역에 모여 살게 하는 결과를 초래했습니다. 이러한 차별적 대출 규제를 1960년대 말 사회학자 존 맥나이트는 '레드 라이닝'이라 이름 붙였습니다.

레드 라이닝은 1970~80년대 큰 사회 문제가 되었는데, 2000년대부터는 오히려 저소득·저신용자인 흑인들에게 대출을 더 적극적으로 해주는, 이른바 역(逆) 레드 라이닝(reverse red-lining) 현상이 발생합니다. 빨간색 줄이 그어진 동네에 저신용자들이 집을 사려고 하면 돈을 빌려줍니다. 이때 빌려주는 돈은 금리가 낮은 우량 대출이 아니라 금리가 높은 비우량 대출입니다.

미국의 주택 담보 대출에는 대략 세 가지가 있습니다. 우선 프라임 대출로서, 고소득 고신용자에게 허용되는 대출로 금리가 매우 낮습니다. '프라임(prime)'은 '첫 번째', '우수한'이라는 뜻으로 말 그대로 1등급 우량 대출입니다. 두 번째로 '알트 A(alt A)' 대출이 있는데 중간 정도의 신용자에게 허용되는 대출입니다. 끝으로 '서브프라임(subprime)' 대출이 있는데 이는 저신용 고금리 대출입니다.

2000년대 미국은 쇠퇴한 동네, 즉 레드라인 구역에 집을 사려는 저신용자에게 적극적으로 대출을 해주었습니다. 주택 가격의 90퍼센트에 해당하는 큰돈을 고금리로 빌려주면서 은행은 큰 이득을 보았어요. 사채업자가 비난받는 이유는 쉽게 돈을 빌릴 수 없는 저신용자에게 고금리 대출을 유도하기 때문인데 이 일을 은행이 한 것입니다. 저신용자들은 대개 흑인이 많아서 결과적으로 은행이 빨간색 구역 안에 이들을 몰아넣는, 주거 분리에 일조한 셈이었습니다. 그뿐만 아니라 돈 갚을 능력이 부족한 사람들을 대상으로 하다 보니 돈을 떼일 위험이 컸어요. 못 받은 돈, 즉 부실 채권이 늘어나면서 결국 이 거품이 터진 것이 2008년 '서브프라임 모기지' 사태입니다. '모기지(mortgage)'란 주택 담보 대출을 말합니다.

당시 은행은 주택 값어치의 90퍼센트까지 돈을 빌려주었습니다. 5억짜리 집을 산다고 할 때, 4억 5000만 원까지 대출을 해 준 셈이에요. 그런데 집값이 떨어져서 빌려준 돈인 4억 5000만 원 이하로 내려가면 은행 돈을 갚을 수 없는 그야말로 '깡통 주택'이 됩니다. 실제로 이런 일이 벌어지면서 은행 돈을 갚느니 차라리 주택을 포기하게 되고 못 받은 돈과 떨어진 집값을 은행이 끌어안으면서 파산하는 일이 벌어져요. 이로 인해 미국은 물론 세계 경제에 큰 위기가 찾아왔습니다. 무분별한 대출로 집을 샀다가 결국 돈을 갚지 못해 집을 빼앗긴 많은 사람들이 노숙자가 돼요. 이 모든 것은 결국 '역-레드 라이닝' 때문이었습니다. 흑인을 더욱 가난하게 만든다는 점에서 레드 라이닝과 역-레드 라이닝은 모두 마찬가지입니다.

그리고 주거 차별 중 가장 악랄한 게 블록버스팅(blockbusting)입니다. 우리말로 번역하면 '동네 쓸어버리기'쯤 돼요. 건축에서 '블록(block)'이란 차도로 구분된 하나의 근린주구로서 대개 동네 하나를 말합니다. 흔히 할리우드에서 대형 흥행작 영화를 '블록버스터'라고 하는데, 본래는 '한 블록을 파괴해 버릴 만큼의 파괴력을 가진 초대형급 폭탄'을 의미했다가 그 정도로 큰 영향력을 가진 영화라는 뜻으로 변했습니다.

건축 사회학에서 말하는 블록버스팅은 폭탄도 재미있는 영화도 아닙니다. 본래는 중산층이 모여 사는 동네였는데 최근 쇠락해져 가는 기미가 보인다고 할 때, 은행은 흑인이 이곳에 집을 사게끔 유도합니다. 대출도 쉽게 해 주고 심지어 흑인을 임시로 고용하여 강아지를 데리고 동네 산책하기, 공연히 어슬렁거리기 등의 일을 시켜요. 왜 그럴까요?

그렇지 않아도 쇠락해 가는 동네에 흑인이 하나둘 눈에 띄기 시작하면 기존의 주민들은 집값이 더 떨어질 거라는 불안감에 헐값에 집을 팔고 떠나게 됩니다. 이걸 유도하는 거예요. 본래 노란색 구역이던 동네를 일부러 빨간색 구역으로 만들어 버리는 것, 이것이 바로 '블록버스팅'입니다. 이렇게 해서 동네 전체의 집값이 하락하면 그중 몇 채를 사서 새로 짓거나 개조해서 세를 놓거나 팔아 치워요.

일부러 집값을 떨어뜨린 다음 싸게 사들여서 이익을 남기고 되파는 일로, 누군가 조직적으로 진행하는 '젠트리피케이션(gentrification, 원거주민 대체)'이라 할 수 있습니다. 이는 워낙 규모가 크고 시간도 오래 걸리기 때문에 개인이 아닌 부동산 회사가 개입하는 경우가 많습니다. 일종의 '작전 세력'이라 할 수 있는데, 이들의 작업으로 본래 그 동네에 살던 사람들은 공연한 불안감에 집을 팔고 나가게 됩니다. 영화에나 나올 법한, 블록버스터 영화를 방불케 하는 '블록버스팅'입니다.

우리나라에서는 레드 라이닝이나 역-레드 라이닝, 블록버스팅은 아직 일어나지 않고 있습니다. 하지만 같은 대도시 지역이라도 동네에 따라 집값의 격차가 있어요. 이런 일이 심화된다면, 그래서 이윤을 목적으로 특정 세력이 해볼 만하다고 생각하게 된다면, 언제든 이런 일이 생길 수 있어요. 일례로 20년 전만 해도 '젠트리피케이션'은 관련 전공자가 아니고서는 들어 보지 못할 정도로 낯선 개념이었습니다. 그러다 최근에 사회 문제로 떠올랐어요. 1970~80년대 미국과 영국 도시에서 일어나던 일이

30~40년의 시차를 두고 우리나라에서도 발생한 거예요. 지금 당장은 다른 나라의 일이라도 사회 구조와 경제적 발달 단계가 비슷해지면 결국 선례를 따를 가능성이 있습니다.

이쯤 되고 보면 근본적인 의문이 생깁니다. 미국에서 흑인으로 태어났다는 것은 낙인과도 같은 걸까요? 흑인 동네에서 태어난 아이는 아무리 노력해도 그 동네를 벗어날 수가 없을 만큼 인종적 주거 분리가 강력하고 고착적인가요? 이 질문에 대한 답은 현재 우리나라에 만연해 있는 부의 대물림 문제, 이른바 '수저 계급론'을 떠올리면 됩니다. 미국에서는 이게 '동네 계급론'으로 대체되었다고 보면 돼요. 노력 여하에 따라 "개천에서 용이 날" 수도 있다고는 하지만 실제로는 그 가능성이 점점 희박해져 가듯, 계층 간 이동은 점점 어려워집니다. 그리고 그 계층을 결정짓는 요인 중에 인종과 동네가 점차 중요해지고 있습니다.

이는 앞서 언급했던 피에르 부르디외의 '문화 자본' 개념과 데이비드 하비의 '자본의 2차 순환' 이론이 나온 이유이기도 합니다. 가난한 동네에서 자란 아이는 왜 어른이 되어서도 가난을 벗어날 수 없는가? 부유한 동네에서 자란 아이는 이후 어른이 되어 배우자를 만날 때 왜 비슷한 계층 사람과 만나게 되는가? 하는 의문을 설명하기 위해 등장한 학설이에요. 이것이 하나의 학문 영역이 될 정도로 미국과 유럽에서는 이미 고질적인 문제입니다.

미국 사회의 뿌리 깊은 흑인 차별과 거주 분리 문제, 여기에는 '배제의 이중성'이 숨어 있습니다. 애초에 흑인들을 불러들인 것은 백인들이었습니다. 남부의 경우 농장에서 일할 사람이 필요했고 북부의 경우 공장에서 일할 노동자가 필요했어요. 남북 전쟁까지 벌이며 흑인을 북부로 데려오면서 '흑인 노예'는 '흑인 노동자'가 되었어요.

그러다가 상황이 바뀌자 태도를 바꾼 것입니다. 시간이 흐르고 미국도 탈산업화함에 따라 더 이상 흑인 노동자들이 필요치 않게 되자 그들은 천덕꾸러기가 되었습니다. 이처럼 미국 흑인 문제의 기저에는 '이주 노동'의 문제가 있습니다. 그런데 미국의 이주 노동자에는 흑인뿐 아니라 중국인을 포함한 아시아인 및 유럽인도 있었습니다.

미국 '순백의 중산층' 지키기

미국은 '이민자들이 세운 나라'답게 이민자가 많은데, 이민에도 여러 층위가 있었습니다. 개척 초기에는 영국이나 독일, 프랑스 등 서유럽인이 들어왔다면, 1880년대부터는 중국과 일본의 아시아 이민자가 증가했고, 또한 이탈리아, 러시아, 그리스, 스페인, 오스트리아, 헝가리 등 남동부 유럽 국가에서도 이민을 왔습니다. 지리적 특성상 남동부 유럽의 이민자들은 대서양을 건너 동부의 도시에 자리를 잡았고, 외모도 문화도 서로 비슷해서 쉽게 미국 사회에 동화되었습니다.

한편 아시아 이민자들은 태평양을 건너 들어와서 샌프란시스코, 로스앤젤레스 등 서부 도시에 자리를 잡았습니다. 그중 중국인들은 날품팔이와 노점 등 도시 서비스업에 종사하면서 도시마다 차이나타운을 이루고 살았습니다. 특히 뉴욕에서는 파이브 포인츠(Five Points) 지역이 가장 크고 유명한 차이나타운이었습니다. 본래 이곳은 뉴욕 최대의 흑인 거주 구역이었는데 집값이 저렴하다 보니 중국인들이 하나둘 모이면서 차이나타운을 이루었습니다.

1860년대만 해도 뉴욕 내 중국인은 150명 정도였지만, 1870년대가 되면 2000명 정도로 급증합니다. 청나라 말기의 혼란한 시기와 미국의 금광 러시가 맞물리면서 중국인 노동자들이 대거 이주한 것입니다. 이렇게 되자 1870~80년 뉴욕에서 중국인은 저임금 노동자의 대명사가 되면서 배척당하기 시작했습니다. 이는 백인 노동자와의 갈등 때문이었어요. 저임금 일자리를 놓고 중국인, 흑인 및 남동부 유럽 이민자 사이에 경쟁이 벌어졌는데, 아무래도 유럽인 이민자들이 더 유리했습니다. 그러다 보니 중국인들은 소규모 자영업에 주로 종사했고, 그중에서도 손빨래를 하는 수제 세탁소(hand laundry)를 많이 했습니다. 1950년대부터는 한국인 이민자도 증가했습니다. 가난하던 시기 일자리를 찾아 미국으로 건너간 이주 노동자들이었는데, 이들 역시 세탁소나 슈퍼마켓을 운영했습니다. 그러면서 미국 사회에 자리 잡은 아시아계 이주민들도 교외로 이주를 하기 시작했습니다.

본래 미국 사회에서 교외 지역은 '순백의 중산층 주거지'라는 이미지가 강했습니다. 그런데 중국인이 돈을 모아 부유한 교외로 이주를 시작했어요. 특히 로스앤젤레스 근처의 몬테레이 파크는 최초의 교외 차이나타운이라는 별명까지 얻을 정도로 중국인이 많이 살았습니다. 중국, 홍콩, 대만 이주자가 60퍼센트 정도이며 나머지는 한국, 일본, 베트남, 필리핀인이었습니다. 이렇게 아시안 중산층이 교외로 이사를 오자 기존의 백인 중산층들은 이들을 피해 더 먼 교외로 이주했습니다.

도심을 '어번(urban)', 교외를 '서브 어번(sub-urban)'이라 하는데, 최근에는 중심에서 더 먼 '익스트 어번(ext-urban)' 지역이 생기고 있습니다. 우리말로 '초(超)교외' 정도로 번역할 수 있어요. 유색 인종의 교외 이주가 왜 문제가 되는가 싶겠지만, 전통적으로 미국의 주류 계층인 백인 입장에서 보면 자기 동네를 빼앗기는 기분이 들 거예요. 그동안 교외 지역은 유색 인종이 접근할 수 없는 백인들만의 쾌적한 주거지였습니다. 유색인을 피해 마련한

뉴욕의 차이나타운 모습.

'순백의 거주지'에 또다시 유색인이 몰려들기 시작하니 거부감
과 위기의식을 느꼈을 것입니다. 이 모든 것은 바다 건너 미국만
의 이야기가 아닙니다.

　우리나라는 한국 전쟁 후 빠른 경제 성장을 이루면서 대략

1990년대부터 이주 노동자를 받게 되었습니다. 거리에 외국인이 점차 늘어나면서 이들에 대한 편견과 혐오도 증가했습니다. 대도시 곳곳에 중국인, 베트남인, 필리핀인 등이 모여 사는 집단 거주지가 생기면서 인종별 주거 분리도 시작되고 있습니다. 지금껏 우리가 알고 있는 강남과 강북의 격차는 그다지 큰 문제가 아닙니다. 한 동네에 외국인들이 들어오기 시작하면 기존의 한국인들이 이탈하는 현상, 레드 라이닝에 역-레드 라이닝 그리고 블록버스팅까지 지금껏 경험하지 못했던 일이 우리나라에도 일어날 수도 있습니다.

혐오와 분리를 넘어 공존의 마을로

우리나라에서 외국인 이주 노동자는 쉽게 찾아볼 수 있습니다. 대략 1990년대부터 산업 연수생이라는 이름으로 이주 노동자를 받기 시작했는데 이들은 공단이 많은 산업 도시나 쇠락해져 가는 서울의 구도심에 자리를 잡았습니다. 우리나라도 과거 도심에 살던 중산층이 수도권과 신도시로 이주하면서 도심의 오래된 주택가에는 이주 노동자들이 많이 살아요. '초콜릿 도심, 바닐라 교외'가 미국만의 이야기는 아니라는 생각도 듭니다.

국내에도 많은 외국인이 있지만, 그중 가장 큰 편견의 대상은 같은 동포이자 한국말이 통하는 중국 동포입니다. TV나 영화에서 이들은 조직 폭력배로 묘사되고, 코미디 프로에서는 어눌한 사투리로 보이스피싱을 하는 사람으로 그려집니다. 이런 시선은 특정 집단에 대한 편견을 드러내고 재생산한다는 점에서 폭력적입니다. 베트남, 파키스탄, 방글라데시 등 남아시아 노동자에 대한 폄하와 무시도 마찬가지인데, 이 모든 혐오에는 앞서 살펴본 '혐오의 이중성'이 깔려 있습니다. "저들이 없으면 우리가 저 힘든 일을 해야 한다. 그래서 필요한 존재이긴 한데 그렇다고 바로 내 옆에 있는 것은 싫다"는 식입니다. 15세기 이탈리아의 유대인 주거 분리, 인도의 카스트 제도에 따른 주거지 구분, 한국에서 백정·광대 등 천대받는 사람들이 따로 모여 살던 것과 비슷합니다.

현재 우리나라는 일손이 부족한 곳이 많아서, 농촌과 공장에 이주 노동자가 절대적으로 필요합니다. 그럼에도 이들에 대한 혐오도 증가하면서 주거 분리가 발생하고 있습니다. 모든 주거 분리는 두 가지 종류가 있는데, 하나는 강제로 특정 구역에 격리시키는 것이고 또 하나는 그들 스스로가 자발적으로 어느 한 동네에 모여 사는 것입니다. 요즘 강제적 격리는 불가능합니다. 대신 자발적인 주거 분리가 많아요. 중국 동포들이 많이 사는 서울의 대림동, 우즈벡인들이 많이 사는 동대문 등이 그래요. 그들 스스로가 자발적으로 하나둘 모여 형성된 곳입니다. 그렇다면 그

외국인들이 많이 사는 지역에 쓰레기 투기를 금지하는 안내문이 영어와 중국어로 쓰여져 나란히 붙어 있다.

들은 왜 따로 모이는 걸까요?

교통이 편리하여 일자리를 찾기가 쉬운 점, 저렴한 집값 등이 주된 이유이겠지만, 근본적인 이유는 우리 사회에 만연한 이주 노동자 혐오입니다. 차별과 멸시를 받는다는 느낌이 들면 서로 돕기 위해 모이기 마련입니다. 어느 동네에 외국인 비율이 높아지면, 기존의 한국인들은 하나둘 이사를 나가고 집값이 조금씩 하락합니다. 앞서 보았던 화이트 플라이트, 아니 코리안 플라이트 현상이 일어나면서 어느새 기존 동네는 중국인 마을 혹은 베트남 마을이 됩니다. 예전에는 분명 서울의 여느 거리와 다를 바 없었는데, 최근에 가 보니 낯선 외국어 간판이 눈에 띈 적이 있습니까? 길거리에서 외국어가 많이 들려 오히려 한국인인 내가 이방인 같다고 느낀 적이 있습니까? 그렇다면 그 거리를 그렇게 만든 사람은 누구입니까?

무슬림들은 어쩐지 테러리스트 같아서 꺼려진다, 지금껏 한국인들만 살았던 이 동네에 낯선 문화를 가진 외국인들이 증가하는 게 싫다는 생각이 그 출발점입니다. 이런 생각으로 주민들은 이슬람 사원 같은 이질적 문화가 동네에 들어서는 것에 반대합니다. 그러면 배척당한 이주자들이 불안한 마음에 서로 모이기 시작합니다. 교통이 편하고 일자리를 찾기 좋은 곳, 집값이 저렴한 곳에 이슬람 마을을 형성해요. 이것은 매우 자연스러운 일입니다. 우리나라 사람들도 외국에 나갔을 때 한국인을 보면 반갑고 의지하고 싶잖아요. 결국 배척보다는 수용이, 주거 분리보다는 공존이 진정한 해결책이 아닐까요?

사진 출처

대한민국역사박물관 현대사 아카이브: 47쪽, 70쪽, 97쪽
박정식: 25쪽
서울시: 113쪽, 163쪽
서윤영: 32쪽, 38쪽, 40쪽, 43쪽, 105쪽, 148쪽, 153쪽, 160쪽, 206쪽
위키백과: 19쪽, 119쪽, 173쪽
픽사베이: 28쪽, 49쪽, 90쪽, 141쪽, 144쪽, 203쪽